Gunda unterwegs

Für Hildegard Hamm-Brücher, meine Mentorin und Mutmacherin.
Mein Vorbild als Mensch, als Frau und als Politikerin.

Gunda Krauss

Gunda unterwegs

Mit Dreirad und Dackel durch Deutschland
Mehr als ein Reisebericht

Bibliografische Information der Deutschen Nationalbibliothek
Die Deutsche Nationalbibliothek verzeichnet diese Publikation in der Deutschen Nationalbibliografie; detaillierte bibliografische Daten sind im Internet über http://dnb.de abrufbar.

© 2018 Gunda Krauss
Co-Autorinnen: Monica Fauss, Ute Vidal
Fotonachweis: Green City/Tobias Haase (Buchcover und Seite 111)
Satz, Umschlaggestaltung, Herstellung und Verlag: BoD – Books on Demand
ISBN 978-3-7481-3465-7

Inhalt

Vorwort — 7

Gunda zum Gruß — 12
   Die Reise ihres Lebens — 12
   Von der Vision zur Wirklichkeit — 13
   Die 99erin — 14

Kapitel 1 — 15
   Die deutsche Mutter und ihr erstes Kind — 15
   Wir haben überlebt — 19
   (M-)Eine deutsche Mutter — 21
   Gute Zeiten, schlechte Zeiten — 25
   Die Sehnsucht nach Geborgenheit — 27
   Am Ende steht ein neuer Anfang — 30

Kapitel 2 — 32
   Frauen fliegen mit gestutzten Flügeln — 32
   Den Richtigen gefunden habe ich nie — 37
   Eine Frau findet ihre Erfüllung nicht im Beruf – oder vielleicht doch? — 40
   Können Sie den Kopierer überhaupt bedienen? — 45
   Ein Mensch zu sein, zählt mehr als das Geschlecht — 48

Kapitel 3 — 50
   Kopfüber in den Ruhestand — 50
   Wo geht es hier zur Rente? — 52
   Abenteuer Rente — 54
   Verliebt in drei Räder — 57

Kapitel 4   **62**
    Mit Dreirad und Dackel durch Deutschland   62
    Eine verrückte Idee   65
    Check hoch drei   69
    50 Tage Wanderleben   71
    Zurück in ein neues Leben   75

Kapitel 5   **80**
    In kleinen Schritten die Welt verändern   80
    Für eine lebendige Demokratie   82
    Politische Lehrjahre   86
    Wir lernen fürs Leben   90
    Mit Volldampf durchgestartet   93
    Abschied von einem Vorbild   97

Kapitel 6   **99**
    Das große Wagnis Alter(n)   99
    Niemand wird alleine gelassen   101
    Wer wagt, gewinnt   104
    Die Reise ins Unbekannte   108

Kapitel 7   **112**
    Gemeinsam geht es besser   112
    Eine lange Aufgabenliste   114
    Und was kommt jetzt?   122

Das Reisetagebuch   **125**
    Mit Dreirad und Dackel von München nach Rügen   125

Zu guter Letzt   **185**

Vorwort

Neulich war ich mit meinem Dreirad in München unterwegs. Als ich an einer Ampel halten musste, fragte mich jemand: „Sind Sie die Frau, die von München nach Rügen geradelt ist?" Lachend antwortete ich: „Ja, die bin ich!" Als ich im Spätsommer 2009 zusammen mit meinem Dackel Sauser auf einem Dreirad namens Easy Rider aufbrach, war ich 70 Jahre alt. Die Tour machte mich zu einer gefragten Person. Viele Zeitungen, Zeitschriften, Radio- und Fernsehsender wollten darüber berichten, also beantwortete ich pausenlos Fragen und lächelte unermüdlich in Kameras. Auf der Straße, in der U-Bahn oder wenn ich mit dem Dreirad unterwegs war, sprachen mich Menschen immer wieder darauf an. Doch viel wichtiger waren ihre Auswirkungen auf meine innere Befindlichkeit: Die Reise durch Deutschland rettete mich aus einer tiefen Lebenskrise und brachte neuen Schwung in mein Leben. Auf den über 1200 Kilometern erlebte ich Höhen und Tiefen, Regen und Sonnenschein, Augenblicke voller Glückseligkeit und Momente, in denen ich verzweifelt aufgeben wollte. Mit jedem Tag, der verging, ließ ich ein Stück mehr von der Schwere und der Traurigkeit hinter mir, die mich so lange fest im Griff hatten. Als ich am 10. Oktober 2009 auf Rügen eintraf, konnte ich es gar nicht fassen, dass ich es geschafft hatte. Selbst heute kommt es mir in manchen Momenten noch unwirklich vor.

Ich werde oft gefragt, wie die Idee für die Tour zustande kam. Es gibt eine Vorgeschichte, sogar eine ziemlich lange. Sie reicht zurück bis in meine Kindheit, die durch das schwierige Verhältnis zu meiner Mutter überschattet wurde. Vor allem aber hat sie mit den Erlebnissen und Menschen zu tun, die mich zu der Gunda Krauss werden ließen, die am 21. August 2009 losgeradelt ist. Eine äußerst niedergeschlagene Gunda war das, die fast schon mit ihrem Leben abgeschlossen hatte. Wie es dazu kam? Mir ging es schon seit längerem seelisch nicht gut.

Dafür gab es mehrere Gründe: Obwohl mich die letzten Berufsjahre ziemlich geschlaucht hatten, fiel es mir schwer, mich an das neue Leben als Rentnerin zu gewöhnen. Aber auch im familiären Umfeld beschwerte einiges mein Gemüt. Ich trauerte um meinen verstorbenen Vater und versuchte schon länger, mich aus einer schwierigen Partnerschaft zu lösen. Damit nicht genug, kämpfte ich noch immer um die Anerkennung und Zuneigung meiner Mutter – wie schon mein ganzes Leben lang. Das alles hätte bereits gereicht, in ein tiefes Loch zu versinken. Doch es kam noch schlimmer. Die starke Einschränkung meiner Mobilität nach zwei Hüftoperationen war der berühmte Tropfen, der das Fass zum Überlaufen brachte. Mich nicht bewegen zu können, war für mich ein entsetzlicher Zustand, liebte ich es doch seit meiner Kindheit, in den Bergen und mit dem Fahrrad unterwegs zu sein. Und nun sollte das alles enden? Es fühlte sich an, als hätte mir das Leben nicht mehr viel Schönes zu bieten.

Doch dann begegnete mir ein ungewöhnliches Gefährt. Easy Rider – schon der Name klang nach einem aufregenden Abenteuer. Ich verliebte mich auf Anhieb in das komfortable Sesseldreirad. Es dauerte allerdings einige Zeit, bis ich ein gebrauchtes Modell erstehen konnte. Damit die Umgebung zu erkunden, gab mir ein Gefühl von Freiheit zurück, das ich schmerzlich vermisst hatte. Um mit dem schweren Dreirad auch Steigung problemlos bewältigen zu können, beschloss ich, einen Motor einbauen zu lassen. Der Fahrradhändler, den ich aufsuchte, brachte den Stein ins Rollen. Aus seiner Frage: „Wo wollen Sie denn hinfahren?", entwickelte sich ein scherzhafter Wortwechsel über mögliche Ziele. Das muntere Hin und Her endete mit der Idee, quer durch die Republik bis nach Rügen zu radeln.

Die Sache ging mir nicht mehr aus dem Kopf. Doch wie die Idee verwirklichen? Der Zufall kam mir in der Person von Andreas Schuster von Green City e. V. zur Hilfe. Die Münchner Umweltorganisation war so begeistert davon, dass sie meine Idee zu einem ihrer Projekte machte und die Organisation der Tour übernahm. Quer durchs Land berichtete die Presse über meine abenteuerliche Reise mit Dreirad und Dackel. Doch nicht nur das. Noch während ich unterwegs war, wurde ich immer wieder darauf angesprochen, ein Buch darüber zu schreiben. So richtig überzeugt war ich zunächst nicht von der Idee. So ruhte das Vorhaben erst einmal.

Ich dagegen kam, zurück in München, so richtig in Fahrt. Jetzt machte ich dem sprichwörtlichen (Un-)Ruhestand alle Ehre. Ständig war ich unterwegs, erzählte auf Podiumsdiskussionen und bei Vorträgen von meiner Reise. Ich wurde nicht nur zu einer gefragten Expertin für Mobilität im Alter, auch in andere Aktivitäten stürzte ich mich voller Elan, war Hansdampf in vielen Gassen. Die Faszination für mein Lieblingsthema Demokratie entstand bereits Anfang der 1990er Jahre. Damals lernte ich Hildegard Hamm-Brücher kennen, die einen Kreis engagierter Bürgerinnen und Bürger um sich versammelte, um sich gemeinsam für eine lebendige Demokratie einzusetzen. Die FDP-Politikerin wurde mein Vorbild und meine Mentorin. Sie motivierte mich dazu, mich in die Politik einzumischen und mich zu gesellschaftlichen wie politischen Problemen zu Wort zu melden.

Doch nicht nur der Einsatz für Mobilität im Alter und Demokratie füllten seit der Tour meine Tage aus. Ich wagte mich in die Kommunalpolitik und ich besuchte Schulklassen, wo ich über den Alltag und das Leben in meiner Kindheit erzählte. Das mache ich noch heute. Ich genieße den Kontakt mit den jungen Menschen, er ist so belebend wie ein frisches Glas Wasser, und er hält mich jung. So ist es auch bestimmt kein Zufall, dass der Besuch einer Schulklasse den letzten Anstoß dafür gab, mein Buch endlich in Angriff zu nehmen. Ich konnte doch den elfjährigen Knirps nicht enttäuschen, der versprach, ein Exemplar zu kaufen, wenn es fertig ist!

Also machte ich mich mit der Unterstützung meiner beiden Co-Autorinnen Ute Vidal und Monica Fauss daran, das Buchmanuskript zu verfassen. Es war eine spannende Zeit. Mein Leben aus der Distanz und mit der Gelassenheit des Alters zu betrachten, war ein heilsamer

Prozess. Doch ich wurde im Laufe der Jahre nicht nur gelassener, sondern auch viel mutiger. So wagte ich vor zwei Jahren noch einen großen Schritt: Ich bewarb mich um eine Wohnung im genossenschaftlichen Wohnprojekt „wagnisPARK", das in meiner Nachbarschaft am Entstehen war. Anfang 2019 ist es soweit, dann ziehe ich ein.

Noch etwas Spannendes erlebte ich in letzter Zeit. Meine Co-Autorinnen schlugen mir vor, das Buch im Eigenverlag herauszubringen und die Kosten der Buchproduktion mit einer Crowdfunding-Kampagne vorzufinanzieren. Neugierig, wie ich bin, ließ ich mich auf ihre Idee ein. Ich bereue es nicht. Ich lernte viel Neues und traf unglaublich interessante Menschen. Nach über einem Jahr intensiver Arbeit ist es endlich so weit: Sie halten das fertige Buch in Händen. Es beginnt mit einem Rückblick auf die Ereignisse und Menschen, die mich prägten: meine Kindheit in der Kriegs- und Nachkriegszeit, meine Jugend in der Enge der verstaubten 50er und 60er Jahre und mein aussichtsloser Kampf um Gleichberechtigung im Beruf. Leserinnen und Lesern meiner Generation wird einiges davon vertraut vorkommen. Den Jüngeren gewährt dieser Teil meines Lebens Einblicke in eine Zeit, die heute Geschichte ist. Die Rückschau mündet in das Kapitel, das von der Tour erzählt, diesem so wichtigen Erlebnis, das mein Leben nachhaltig verändert hat. Über meine Zeit mit Hildegard Hamm-Brücher, wie es dazu kam, dass ich in ein genossenschaftliches Wohnprojekt einziehe und was ich bei der Crowdfunding-Kampagne alles erlebte – darüber und über noch mehr erzähle ich in der zweiten Hälfte des Buches. Was natürlich nicht fehlen darf, sozusagen als krönender Abschluss, ist das Tagebuch, das ich während der Fahrt schrieb.

Es wäre wunderbar, wenn meine Geschichte Menschen jeden Alters dazu ermutigt, sich durch Tiefschläge nicht unterkriegen zu lassen. Mir hilft dabei ein kleines Ritual. Wenn ich aus dem Haus gehe, stecke ich eine Handvoll kleiner Bohnen in meine rechte Hosentasche. Erlebe ich etwas Schönes, wandert eine der Bohnen in die linke Hosentasche. Bevor ich schlafen gehe, erinnern mich die „guten" Bohnen an die

heiteren Dinge des Tages. Manche mögen im Buch auch Anregungen finden, in Bewegung zu kommen und in Bewegung zu bleiben. Wenn Sie bei der Lektüre ab und zu herzhaft lachen, dann bin ich zufrieden. Und wenn Sie durch meine Geschichte dazu inspiriert werden, Ihr ganz eigenes Abenteuer zu finden, dann bin ich glücklich. Ich wünsche Ihnen viel Freude beim Lesen.
Ihre Gunda Krauss
München, im September 2018

Gunda zum Gruß

Die Reise ihres Lebens

„Ich fahr dann mal los!" – fünf Worte, die eigentlich nur eine Tätigkeit beschreiben. Aber wie das nun mal so ist mit dem In-Bewegung-Kommen, verändert sich dabei meist nicht nur die „Location", der Ort, von dem aus wir die Welt betrachten. Nein, vor allem geraten dabei auch unser geistiges und emotionales Empfinden in „Motion" und kommen auf Trab. Genau so erlebte ich es bei Gunda. Aus einer 70-jährigen Rentnerin, die nach zwei Hüft-OPs schon beinahe in ihrer Immobilie festgewachsen war, wurde eine fitte, mit Tatendrang angefüllte, inspirierte und inspirierende Dame, die ständig auf Achse ist.

Ihr Herzenswunsch: die Erfahrungen ihres Lebens weitergeben. Es freut mich außerordentlich, dass es Gunda gelungen ist, auch dieses Abenteuer, diese Reise abzuschließen, und dass ihr Buch sich nun auf dem Weg zu hoffentlich vielen interessierten Leserinnen und Lesern befindet. Darin finden sich anregende Reflexionen und Erzählungen aus ihrem langen Leben – von der Erziehung in einem konservativen Elternhaus bis zur Reise ihres Lebens und darüber hinaus. Ich bin sicher, dass auch das jetzige Ankommen nur der Startschuss zu einem neuen Abenteuer ist. Denn wie Gunda am Ende ihrer Reise nach Rügen sagte: „Die Akkus sind schon wieder geladen!"

Liebe Gunda, ich wünsche dir bei allen Abenteuern, die dir noch begegnen, weiterhin viel Lebensfreude, Gesundheit und allzeit wohlwollende Menschen.

Andreas Schuster, Green City e. V.

Von der Vision zur Wirklichkeit

Ich lernte Gunda als einen Menschen kennen, der alle Kraft dafür einsetzt, seine Visionen Wirklichkeit werden zu lassen. Das tat und das tut sie mit unglaublichem Charme, unermüdlicher Energie und unerschütterlicher Beharrlichkeit – allen Mühsalen zum Trotz. „Gesagt, getan", das ist ihr Lebensmotto. Es war auch das Motto meiner Mutter Hildegard Hamm-Brücher. Mit ihr und anderen zusammen arbeitete Gunda über ein Jahrzehnt lang beharrlich daran, unsere Welt ein bisschen besser zu machen – und sie tut es noch immer!

Es ist bewundernswert, wie sie vor nunmehr fast zehn Jahren ihre Reise plante und durchführte. Doch nicht nur darum geht es in ihrem Buch. Die Erzählungen und Botschaften darin sind eine spannende Mischung aus Leben und Erlebtem: Ältere, fidele und lebenslustige Dame fährt trotz kaputter Hüfte mit ihrem Dreirad durch ganz Deutschland. Natürlich nicht ohne „Hunderl" Sauser, denn ohne ihn geht gar nichts – dann reist er halt im Körbchen auf dem Dreirad mit. Neugierig und offen begegnet sie Bürgermeistern, Stadträten und sonstigen Herr- und Damenschaften, die ihr auf der Radreise über den Weg laufen. Sie lebt vor, wie bürgerschaftliches Engagement geht, und setzt sich für unsere Umwelt, für Sausers aller Art, für die Selbstbestimmung älterer und die Bildung junger Menschen ein und vor allem für unsere Demokratie, denn: „Ohne die geht gar nichts", wie sie zu sagen pflegt.

Liebe Gunda, meine Mutter fand dich klasse, und das finde ich auch. Ich bin sehr gespannt, was du noch alles auf die Füße stellen wirst.
Verena Hamm

Die 99erin

Ich lernte Gunda 1999 kennen. Das war bei einer Veranstaltung mit Hildegard Hamm-Brücher zum 50. Jahrestag des Grundgesetzes. Es ging ums Herz- und Seelenthema der beiden: Demokratie, Teilnahme der Bürger daran, Zivilgesellschaft. Es folgten aufregende Jahre: Gunda hob zusammen mit Gleichgesinnten das Bündnis zur Erneuerung der Demokratie aus der Taufe. Wir befragten Münchner Bundestagskandidaten zu brennenden Politikthemen, verlangten bei Town Meetings Rechenschaft, trugen Debatten und die politische Kontroverse zu öffentlichen Orten, nagelten an die Tür des Bayerischen Bildungsministeriums wie einst Luther zu Wittenberg 21 Thesen für bessere Schulen: raus aus der Paukanstalt, rein in die Lernwerkstatt!

Wir waren nicht die 68er, sondern 99er: Demokratieschmiede, mit Gunda als „Mutter der Kompanie", wie sie schmunzelte. Ein Energiebündel, ebenso visionär wie pragmatisch, ihrer Mentorin und Mutmacherin Frau Dr. Hamm-Brücher loyal verbunden. Bei keiner Aktion fehlte ihr geliebter Sauser, Deutschlands berühmtester „Demokratie-Dackel". Ihre legendäre Rügen-Tour sollte ihre eigene Bildungsreise werden. Danach brach sie zu ganz anderen Ufern auf, die Politik. Seit vier Jahren hält sie im Bezirksausschuss die Kollegen mit ihren Vorstellungen zu einer humaneren Verkehrspolitik in Atem. Ihr großes Thema aber bleibt „Mobilität im Alter", dafür ist sie auf ihrem Dreirad die Ikone.

So viel erreicht! Das ist der fast Achtzigjährigen nicht in die Wiege gelegt worden. Wer sie kennt, weiß, dass ihr Leben eines voller Herausforderungen ist. Das Ringen mit Ängsten und Zweifeln ist Gundas Antrieb, den die Angelsachsen so genial mit „Try better, fail better" umschreiben. Liebe Gunda, überrasche uns noch mit vielen Einsätzen für Demokratie, bürgerschaftliches Engagement, Zivilcourage – von Sauser weißt du ja: Schwanz einkneifen gilt nicht!
Wolfgang Chr. Goede, Wissenschaftsjournalist

Kapitel 1

Die deutsche Mutter und ihr erstes Kind

Das Licht dieser schönen, doch unvollkommenen Welt erblickte ich am 30. März 1939 in Berlin. Mein Vater entstammte einer gut situierten Familie. Die meisten seiner Krauss-Vorfahren waren Kaufleute, ein paar Geistliche gab es auch darunter. Einer aber tanzte aus der Reihe: Er war Kupferstecher und Baumeister und arbeitete mit der Naturforscherin und Künstlerin Maria-Sybilla Merian zusammen. Sein künstlerisches Talent beeindruckte mich schon als Kind, diesem Vorbild wollte ich unbedingt nacheifern. Die meisten Frauen der Familie Krauss übten keinen Beruf aus. Ihre Domäne war das Heim und die Familie, wo sie als Mütter, Gattinnen oder Hausfrauen zugange waren. Meine Mutter stammte aus einfachen Verhältnissen. Nachdem ihr Vater im Ersten Weltkrieg ums Leben gekommen war, heiratete ihre Mutter noch einmal. Ihr zweiter Mann, mein Stiefgroßvater, unterrichtete in einer Volksschule.

Meine Eltern lernten sich in Berlin kennen, während der Feier einer Taufe in der Familie, bei der mein Vater zur Untermiete wohnte. Er verliebte sich auf der Stelle in die bildhübsche Sächsin, die ihn gehörig abblitzen ließ. Damals arbeitete sie als medizinisch-technische Assistentin in Greifswald. Er hatte sich bereits vor dem Ausbruch des Zweiten Weltkriegs bei der Luftwaffe gemeldet. Um meine Mutter für sich zu gewinnen, legte er sich gehörig ins Zeug. Einmal warf er sogar aus seinem Flugzeug kleine Liebesbriefe über dem Institut, in dem sie arbeitete, ab. Den Antrag machte er ihr ganz romantisch bei einem Spaziergang. Ihre Antwort lautete: „Ich habe aber kein Geld!" Darin sah er keinen Hinderungsgrund und so schlossen sie am 3. Oktober 1936 in Callenberg bei Chemnitz, wo die Eltern meiner Mutter lebten, den Bund fürs Leben.

Als ich auf die Welt kam, bewegte sich Europa unaufhaltsam auf eine Katastrophe zu. Nur knapp sechs Monate später brach der Zweite Weltkrieg aus. Dass er unzählige Menschen das Leben kosten und Millionen von Menschen zu Flüchtlingen machen würde, sahen damals nur wenige voraus. Einer der Fronturlaube meines Vaters bescherte mir im Februar 1941 meinen Bruder Volker. Wir wohnten zu der Zeit noch in Berlin-Steglitz, unsere Wohnung lag im vierten Stock des Mietshauses. Von der Küche aus sah man das Schöneberger Rathaus. Ich erinnere mich, dass meine Mutter mich oft auf den Einbauschrank vor dem Küchenfenster setzte. So konnte sie geschäftig in ihrer Küchenschürze herumwuseln und hatte mich dabei immer im Blick.

Früh übt sich, wer eine Meisterin werden will

Als die Luftangriffe der Alliierten auf Berlin immer heftiger wurden, zogen wir nach Callenberg, zu meiner Oma. Mein Stiefgroßvater war, trotz seines Alters, zur Wehrmacht eingezogen worden. Nach einer kurzen Verschnaufpause trieb uns auch dort nachts immer öfter ein Fliegeralarm aus den Federn. So stiegen wir jeden Abend angezogen ins Bett, daneben stand griffbereit ein Koffer mit dem Nötigsten. Eines Nachts glühte der Horizont flammend rot. Das sei das brennende Chemnitz, erklärten die Erwachsenen bedrückt. Das Kriegsende erlebten wir im Keller des Hauses. Als wir irgendwann ängstlich herausgekrochen kamen, stand ein großer Panzer vor dem Haus. Ein amerikanischer – meine Mutter war heilfroh, dass es kein russischer war. Trotzdem verbot sie uns, mit den Soldaten zu sprechen oder Schokolade von ihnen anzunehmen. Schließlich waren sie noch vor kurzem von der Nazi-Propaganda als Feind des deutschen Volkes verteufelt worden. Als die Amerikaner entsprechend den Vereinbarungen zwischen den Alliierten aus Sachsen abzogen, marschierten wir zusammen mit anderen Flüchtlingen in ihrem Kielwasser Richtung Westen – aus Angst vor der nachrückenden Roten Armee. Von den Russen, so hieß es, könne man nur das Schlimmste erwarten. Doch wir gelangten nur bis nach Vollmershain in Thüringen. Dort fanden wir bei verschiedenen Bauern Unterschlupf.

Ausgerechnet an dem Tag, an dem die Russen in Thüringen einrückten, fiel ich von einer Wippe und brach mir den Arm. Zur Erstversorgung brachte mich meine Mutter zum Arzt im Dorf. Der hatte bereits seine Habseligkeiten gepackt, um sich in den Westen abzusetzen. Aus seinen Vorräten durfte sie sich mit einer Schiene und Verbandszeug bedienen. Danach suchte sie verzweifelt nach einer Möglichkeit, mich in das ca. zehn Kilometer entfernte Krankenhaus in Ronneburg zu bringen. Eine Frau, die mit einem der großen Trecks aus dem Osten gekommen war, fuhr uns schließlich mit ihrem Pferdewagen dorthin. Ich lag unter einer bunten Häkeldecke auf dem Leiterwagen. Meine Mutter schärfte mir ein, ich müsse meinen Arm zeigen und schreien, falls wir unterwegs auf russische Soldaten träfen. Wir kamen ohne Zwischenfall an. Die Angst, vergewaltigt zu werden, war groß, und nicht nur unter jungen Frauen. Als eines Tages Soldaten in unser Quartier eindrangen, waren wir vor Angst wie erstarrt. Geistesgegenwärtig schickte meine Oma meine Mutter zu uns Kindern ins Schlafzimmer. Sie baute sich vor der Tür auf und versuchte die Männer abzulenken. Als einer der Soldaten auf die Wand zeigte und „scheene Uhr" sagte, drückte sie ihm diese mit den Worten in die Hand: „Da hast du ‚scheene' Uhr!" Wir hatten Glück, sie ließen uns unbehelligt.

Doch zurück zu meinem Unfall. Die Wochen im Krankenhaus waren der reinste Alptraum. Am Anfang lag ich in einem großen Saal. Es herrschte das reinste Chaos: Es stank bestialisch, Menschen schrien vor Schmerzen und zu essen gab es kaum etwas. Irgendwann wurde ich in ein Zimmer mit vier älteren Frauen verlegt. Als eine von ihnen starb, schenkte mir eine der Krankenschwestern die übrig gebliebenen Kekse der Verstorbenen. Doch mich ekelte vor ihnen. Aus lauter Angst, wenn ich sie äße, müsse ich auch sterben, rührte ich sie nicht an. Einer anderen Frau im Zimmer musste das Bein amputiert werden. Ihr flunkerte ich vor, dass man meinem Onkel auch eines abgenommen hätte, als er noch sehr jung gewesen wäre. Ich glaube, ich wollte sie mit der erfundenen Geschichte nur trösten. Als ich endlich aus dieser Hölle raus und nach Hause durfte, fiel mir ein Stein vom Herzen.

Bald darauf wurde ich eingeschult. Ich war die einzige Erstklässlerin mit einer Schultüte. Sie war klein, aus bunt bemaltem Packpapier und mit Bonbons aus Zuckerrübensirup gefüllt. Wir nannten sie „Plomben-Zieher", weil sie mit Vorliebe an den Zähnen festklebten und man sie kaum davon losbekam. Ich besuchte eine Einraumschule, in der die Kinder aller Altersstufen gemeinsam Unterricht erhielten. Die einzelnen Klassen belegten jeweils unterschiedliche Pultreihen. Schreiben lernten wir auf einer Schiefertafel, die auf einer Seite Linien und auf der anderen Kästchen hatte. Zum Abwischen benutzten wir einen Schwamm. Damit er nicht verloren ging, war er seitlich an der

Tafel befestigt. Zum Trocknen ließ ich ihn auf dem Nachhauseweg aus dem Ranzen herausbaumeln. Später erhielten wir zerfledderte Lesebücher aus Altbeständen, doch am Anfang musste es ohne gehen. Viele Jahrzehnte später, auf meiner Radtour nach Rügen, kam ich an einer ehemaligen Einraumschule vorbei. Das weckte manche Erinnerung in mir! Sie soll zu DDR-Zeiten noch bis in die sechziger Jahre hinein in Betrieb gewesen sein.

Wir haben überlebt

Wir wussten lange nicht, ob mein Vater mit dem Leben davongekommen war. Meine Mutter machte sich auf die Suche und fand ihn in einem Gefangenenlager der Westalliierten. Sie war erleichtert, hatte sie doch Gerüchte gehört, die Russen würden Ingenieure nach Russland umsiedeln. 1946 wurde er aus der Gefangenschaft zu seinen Eltern nach Bremen entlassen. Dazu hatte ihn meine Mutter gedrängt, sie wollte unbedingt aus der russischen Besatzungszone weg. Er sollte uns alle in Vollmershain abholen und nach Bremen bringen. Ich war gerade in der Schule, als er im Dorf eintraf. Die Älteren spielten auf dem Pausenhof, während wir Jüngeren unterrichtet wurden. Einer der Jungs kam ins Klassenzimmer gerannt und rief: „Die Gunda hat Besuch, ein Mann steht draußen!" Die Lehrerin begleitete mich auf den Schulhof. Ich schaute den Fremden an. „Den kenne ich nicht", sagte ich, drehte mich um und ging zurück. Doch plötzlich fiel es mir wie Schuppen von den Augen, das war doch mein Vater! „Vaaati", schrie ich und rannte hinter ihm her. Es verfolgt mich noch heute, dass ich ihn damals nicht sofort erkannte. Doch von seinen seltenen Fronturlauben war er mir nur undeutlich in Erinnerung geblieben.

In Bremen lebten wir zunächst bei den Eltern meines Vaters auf dem Dachboden, zusammen mit diversen Tanten, Cousinen und Cousins. Lebensmittel, Kohle zum Heizen, Kleidung – alles war Mangelware. Manches trieb man bei Hamsterfahrten aufs Land auf. Einmal sammelten Volker und ich in den Sommerferien auf Getreidefeldern Ähren ein, damit meine Mutter Mehl zum Brotbacken hatte. Mein Vater holte uns ab. Zusammengepfercht in der Holzklasse fuhren wir mit der Eisenbahn durch die Nacht. Im Gepäcknetz versteckt fuhr ein Karton voller Küken mit. Mein Vater bläute uns ein, was wir bei der Kontrolle an der Zonengrenze zu tun hatten. Als der Beamte mit einer Taschenlampe ins Abteil leuchtete, brach die Hölle los: Wir fingen lauthals zu heulen an und die Küken piepsten aufgeregt mit. Der Plan meines Vaters ging auf. Verschreckt vom Radau entschuldigte sich der Beamte und zog ohne weitere Inspektion ab. Die Mitreisenden im Abteil bedankten sich bei uns. Auch sie hatten „Hamsterware" im Gepäcknetz versteckt, sogar ein Ferkel.

Im Hungerwinter 1946/1947 ging es Menschen und Tieren sehr schlecht. Auch unseren sechs Küken, die längst zu Hühnern herangewachsen waren. Wir nannten sie Urd, Werdandi, Skuld, Yggdrasil, Kastor und Pollux. Volker und ich mussten ein längeres Stück Weg zurücklegen, um auf einer kärglichen Wiese Gras für die Hühner zu sammeln. Wegen des dürftigen Futters litten sie unter Kalkmangel und legten sogenannte Windeier. Ihr empfindliches Inneres war nur von der dünnen Eimembran geschützt. Um satt zu werden, pickten die Hühner die Haut auf und fraßen Dotter und Eiklar. Das war nicht im Sinne des Erfinders, schließlich sollten die Eier unseren Hunger stillen. Mein Vater, ganz Ingenieur, fand daraufhin eine patente Lösung für das Problem. Er konstruierte ein gut ausgepolstertes Nest unter den Sitzstangen der Hühner, in dem die Eier weich landen konnten. Über einen Seilzug brachte die leichte Erschütterung beim Aufprall eine Glocke in der Küche zum Läuten. Kaum ertönte ein „Windeialarm", flitzen Volker und ich los, um das schalenlose Ei zu retten. So behalf man sich und überlebte die Notzeiten mehr schlecht als recht. Erst mit der Währungsreform im Jahr 1948 begann sich das Leben wieder zu normalisieren.

Die meisten aus meiner Generation werden sich an die Schrecken des Kriegs und an den Kampf ums tägliche Überleben in der Nachkriegszeit erinnern. Zum Glück verfügen Kinder über ein bemerkenswertes Anpassungsvermögen. So kam mir trotz traumatischer Erlebnisse damals vieles wie ein Abenteuer vor. Ich bin sehr dankbar, dass ich im Ganzen gesehen den Krieg, die Flucht und die Not der Nachkriegsjahre relativ glimpflich überstand. Viele erlebten weitaus Schlimmeres. Dass die Erlebnisse dennoch Spuren in mir hinterlassen haben, merke ich, wenn Sirenen für den Katastrophenalarm getestet werden. Dann überkommt mich das Gefühl, ich müsse in den Keller rennen. Als im Jahr 2015 die große Flüchtlingswelle bei uns eintraf, brachte das lange verschüttete Erinnerungen aus meiner Kindheit an die Oberfläche. Zudem ließ mich die Ablehnung, die diesen Menschen entgegengebracht wurde, daran denken, dass auch die Flüchtlinge aus dem Zweiten Weltkrieg nicht überall mit offenen Armen empfangen wurden. Leider wiederholt sich vieles, das macht mich traurig und zornig.

(M-)Eine deutsche Mutter

In meiner Erinnerung befand sich meine Mutter ständig in Bewegung. Sie saß selten einfach da, ohne etwas zu tun, war immer auf dem Sprung. Darin bin ich ihr sehr ähnlich, mir ist dieser starke Bewegungsdrang sehr vertraut. Zwischen ihr und meinem Bruder Volker bestand eine innige Verbindung. Äußerlich kam er zwar nach meinem Vater, doch vom Wesen her ähnelte er stark meiner Mutter. Sie fand vieles von sich in ihm wieder, und für ihn war sie sein Ein und Alles. Bei mir war es umgekehrt: Ich sah aus wie meine Mutter, hatte aber das positive, fröhliche Wesen meines Vaters. Ich liebte ihn heiß und innig. Die Beziehung zu meiner Mutter dagegen war bis zu ihrem Tod sehr problematisch. Das beeinflusste mein Leben stark – und für mich nicht immer zum Guten.

Meine Mutter war eine sehr intelligente Frau und stolz auf ihr Einser-Abitur. Studieren konnte sie trotzdem nicht. Dafür sorgten die zeitweiligen Zugangsbeschränkungen für Frauen an Universitäten in den 1930er Jahren. Während des Kriegs musste sie – wie so viele andere Frauen, deren Männer Soldaten waren – die Familie über Wasser halten. Zurück aus der Gefangenschaft, übernahm mein Vater wieder das Regiment zu Hause. Meine Mutter hätte gerne einen Beruf ausgeübt. Doch ihr Schwiegervater, ganz der Patriarch, hielt nichts davon: „Eine Krauss tut das nicht!" So war das zu der Zeit. Die Männer verdienten das Geld, die Frauen sorgten für die Familie und das Heim. So sah das auch mein Vater. Er boykottierte es, dass sich meine Mutter eine Arbeit suchte. Das ging ganz einfach, Frauen konnten damals ohne die Zustimmung des Ehemannes keinen Arbeitsvertrag abschließen. Er brauchte sie zu Hause, als charmante Gastgeberin für wichtige Geschäftspartner, die er oft aus heiterem Himmel zum Essen einlud. Selbstverständlich war sie auch für unsere Erziehung zuständig.

Doch genau genommen war meine Mutter das Oberhaupt der Familie. Sie hatte das Sagen, alles und alle unter Kontrolle, und nicht nur ich gehorchte ihr. Ich weiß nicht, ob mein Vater ihr jemals Paroli geboten hat. Ich glaube, dazu liebte er sie zu abgöttisch. So erklärte er mir einmal: „Die Mutti wäre nicht die Mutti, ohne all ihre Fehler." Ich konnte es mir nicht verbeißen, ihn darauf liebevoll-spöttisch zu necken: „Vati, du bist doch der charmanteste Trottel der Welt!" In den Jahren des Wirtschaftswunders stieg mein Vater die Karriereleiter immer höher hinauf. Um in die oberen Ränge zu gelangen, musste auch die Gattin den gesellschaftlichen Verpflichtungen gewachsen sein, die so eine Position mit sich brachte. Das wurde überprüft, also musste meine Mutter mit zu den Vorstellungsgesprächen. Sie bestand das „Examen" jedes Mal auf Anhieb. Das brachte ihr später den Spitznamen „Frau Direktor" ein.

Über einen Wesenszug allerdings verfügte meine Mutter nicht: Sie hatte wenig Mütterliches an sich. Sie wirkte eher ernst und sehr streng.

Ich würde sogar fast sagen, sie wirkte hart. Die Liebe, nach der ich mich so sehr sehne, konnte sie mir nur sehr selten zeigen. Zärtlichkeiten lagen ihr überhaupt nicht. So kannte ich es nur von den Müttern meiner wenigen Freundinnen, liebevoll in den Arm genommen zu werden. Ich glaube, ihre Strenge und Hartherzigkeit entsprangen auch den Erziehungsmethoden, die in der Nazi-Zeit üblich waren. Wie fast alle Frauen damals, erhielt auch sie zu ihrer Hochzeit das Buch „Die deutsche Mutter und ihr erstes Kind" von Johanna Harrer. Ohne sie zu hinterfragen, folgte sie kritiklos den kinderfeindlichen Empfehlungen der strammen Nationalsozialistin. Das bekam ich oft schmerzhaft zu spüren.

Schulzeit in Bremen

Gute Noten sollte ich nach Hause bringen, so wie sie selber es als Schülerin getan hatte. Darin war sie unerbittlich. Für mich bedeutete das, ständig lernen zu müssen. Vor allem, da ich in der Schule nicht gerade eine Überfliegerin war. Es fiel mir einfach viel zu schwer, lange stillzusitzen. Stattdessen zappelte ich unkonzentriert herum. Hätte ich zwischendurch meinen Bewegungsdrang abbauen und herumtoben können, wäre meine Schulkarriere sicher anders verlaufen. Doch leider wurde der Zusammenhang zwischen Bewegung und Lern- und Konzentrationsfähigkeit noch nicht erkannt. Aber nicht nur das lief damals in der Kindererziehung falsch. „Trotzige" Kinder versuchte man durch Strafen gefügig zu machen. Dazu gehörten Prügel, und nicht nur in der Schule. Auch meine Mutter schlug mich, und nicht zu knapp. Auf den Hintern, ins Gesicht.

Meist waren geschwisterliche Streitereien zwischen Volker und mir der Anlass. Ich bekam oft mehr ab als mein Bruder, weil er sie anbettelte: „Mutti lieb sein." Außerdem erwartete meine Mutter von mir als der Älteren, „die Vernünftige" zu sein. Ich verstand nicht, was sie damit meinte. Es machte mich wütend, wenn meine Strafe strenger ausfiel, nur weil ich knapp zwei Jahre älter war. Meist wusste ich nicht, wohin mit meinem Zorn, und so nahm ich vieles hin, ohne aufzubegehren. Das änderte sich erst, als ich erwachsen war. Wurde mein sehr ausgeprägter Sinn für Gerechtigkeit verletzt, ging ich auf die Barrikaden. Das ist noch heute so: Gegen Ungerechtigkeiten wehre ich mich ohne Angst vor Konsequenzen!

Auch was ich lesen durfte, schrieb mir meine Mutter vor und kontrollierte es streng. Weltliteratur musste es sein oder zumindest meiner Bildung dienen. Ihre Bücherauswahl finde ich noch heute bemerkenswert: „In diesem Sinn die Großmama", ein entzückendes Aufklärungsbuch mit Zeichnungen, fand sie ungeeignet. Heute würde man es einen Comic nennen und das war ihr wohl zu anspruchslos. Dagegen sollte ich „Kristin Lavranstochter" von Sigrid Undset lesen, der Literaturnobelpreisträgerin von 1928. Dass ich angesichts der beschriebenen Liebesszenen rote Backen bekam, das spielte keine Rolle – es war große

Literatur! Natürlich las ich die mir verbotenen Bücher wie „Trotzkopf" oder „In diesem Sinn die Großmama" trotzdem. Heimlich. Wenn ich an den Übungen saß, die sie mir zusätzlich zu den Hausaufgaben aufgebrummt hatte. Näherte sie sich meinem Zimmer, ging die Schublade mit dem Buch darin zu. Dann saß ich scheinbar fleißig über der Matheaufgabe oder den Englischvokabeln.

Es gab jedoch auch andere Seiten an meiner Mutter. Sie spielte oft mit uns, allerdings mussten es geistig anregende Spiele sein, bei denen mein Bruder und ich etwas lernen konnten. „Bilderlotto" über Geschichte gehörte ebenso dazu wie „Mikado" oder „Domino". Dabei sollten wir üben, uns zu konzentrieren und Zahlenzusammenhänge zu erkennen. Auch die Radtouren und Wanderungen, die wir im Sommer mit der ganzen Familie unternahmen, dienten unserer Bildung. Unterwegs erklärte meine Mutter uns kundig Fauna und Flora. Was war das oft für ein Leistungsdruck! Bestimmt werde ich bis an mein Lebensende den lateinischen Namen des gemeinen Huflattichs nicht vergessen: Tussilago farfara. Gegen den Durst steckte sie Volker und mir eine Backpflaume in den Mund. Den Kern sollten wir lutschen, das gab Speichel, das musste genügen.

Gute Zeiten, schlechte Zeiten

Meine Mutter war der Mittelpunkt, um den sich in unserer Familie alles drehte. Aber noch etwas war ihr wichtig: Sie wollte immer die Beste sein. Einen Fehler zuzugeben, Schwäche zu zeigen oder die Leistungen anderer lobend anzuerkennen, das alles fiel ihr sehr schwer. So bekam ich von ihr nur selten ein Lob zu hören. Das Gegenteil war häufiger der Fall. Ihr ständiges: „Das kannst du nicht", oder: „Du bringst nichts zu Ende", war zermürbend und demotivierend. Ich hielt es nur aus, indem ich mir einen dicken Schutzpanzer zulegte. Dabei hätte ich ihre Ermutigung und ihren Zuspruch gebraucht, um Selbstvertrauen zu entwickeln. Besonders freigiebig war sie mit solchen Bemerkungen, wenn es um meine sportlichen Leistungen ging. Denn meine Mutter war nicht nur sehr intelligent, sie war auch eine richtige Sportskanone. Beinahe hätte sie es in die deutsche Mannschaft für die Olympiade 1936 in Berlin geschafft. Ich sollte es ihr unbedingt gleichtun, doch auf keinen Fall besser sein als sie.

Ihr erster Versuch, mir das Schwimmen beizubringen, fiel dem Überlebenskampf während des Kriegs zum Opfer. Erst in Bremen packte sie es wieder an, in einem Strandbad an der Weser. Der Schwimmlehrer Herr Wagenknecht ließ mich zum Üben immer um den Steg herumschwimmen und ging mit einem langen Stab bewaffnet neben mir her. Vorne dran befand sich ein großer Ring, der in Griffweite vor meiner Nase schwebte. Konnte ich nicht mehr, durfte ich danach greifen. Vor der Prüfung zum Freischwimmer – heute trägt er den hübschen Namen „Seepferdchen" – hatte ich ziemliche Angst. Denn dabei musste ich vom sicheren Steg weg in den Fluss hinausschwimmen, der bei Flut eine starke Strömung hatte. Ich schaffte die obligatorischen fünfzehn Minuten mit Müh und Not und auch der Sprung ins Wasser vom Steg gelang mir trotz zitternder Beine. Die Prüfung zum Fahrtenschwimmer fiel mir wesentlich leichter. Sie fand während des Schulschwimmens statt, in einem Hallenbad. Mit Bravour zog ich 45 Minuten lang meine Bahnen durchs Becken. Nur der Sprung vom Dreimeterbrett kostete mich einige Überwindung. So elegant, wie meine Mutter das vom Zehnmeterbrett vorführte, gelang er mir nicht.

Auch in der Leichtathletik sollte ich glänzen. Dazu schenkte sie mir ihre Spikesschuhe. Damit, so glaubte sie, sollte es kinderleicht sein, unter die Ersten zu kommen. Daraus wurde nichts, die Schuhe passten mir nicht. Kein Wunder, man muss in eigenen Schuhen stehen, um erfolgreich sein zu können. Aber auch wenn ich nicht zu den Besten zählte, war ich trotzdem jedes Mal stolz, wenn man mich beim Schulsportfest für den 50-Meter-Lauf aufstellte. Noch während ich auf den Startschuss wartete, war ich gedanklich bereits schon im

Ziel. Rannte ich dann los, schien es mir, als würde ich auf der Stelle laufen. So konnte es natürlich nicht mit einem Lorbeerkränzchen für den ersten Platz klappen. Selbst für das Lorbeersträußchen, das man für einen zweiten und dritten Platz erhielt, langte es nur selten. Doch auch wenn ich nicht schnell war, Ausdauer hatte ich!

Es gab auch Zeiten, in denen meine Mutter und ich uns sehr gut verstanden. Während meiner Pubertät schauen wir uns manchmal nur an und schon mussten wir loslachen. Meistens wussten wir nachher gar nicht mehr, warum. Wir liebten es auch, Schabernack zu treiben. Am liebsten mit meinem Vater, aber es konnte auch andere treffen. Das beste Verhältnis zueinander jedoch hatten wir nach meiner Ausbildung zur Hauswirtschaftsleiterin. Kündigte mein Vater wieder einmal überraschend Geschäftspartner zum Essen an, musste sie auf die Schnelle etwas Passables auf den Tisch bringen. Das versetzte sie jedes Mal in helle Aufregung, wollte sie doch stets die perfekte Gastgeberin sein. Also fragte sie mich telefonisch um Rat. Sobald geklärt war, was Kühlschrank und Vorratskammer zu bieten hatten, überlegte ich mir, was für ein Menü man daraus zaubern konnte. Wir besprachen rasch, was sie noch einkaufen und was sie schon vorbereiten sollte, dann machte ich mich auf den Weg. Kaum angekommen, hieß es für mich Ärmel hochkrempeln. Während ich kochte und servierte, brillierte die elegant angezogen Dame des Hauses vor den Gästen. Nicht selten lagen ihr diese bewundernd zu Füßen. Nach getaner Arbeit durfte ich mich dazusetzen. Es war eine der seltenen Gelegenheiten, bei denen meine Mutter mich lobte: „Das hast du gut gemacht!"

Die Sehnsucht nach Geborgenheit

Ich war eine „Vatertochter". Mein ganzes Leben lang fühlte ich mich meinem Vater tief verbunden. Er konnte seine Gefühle besser zeigen als meine Mutter, war oft zärtlich und verschmust. Auch wenn er als

Alleinverdiener nur selten Teil des Familienalltags war, in meiner Erinnerung begleitete er mich liebevoll durch die Kindheit. Ich spürte seine Zuneigung in vielen kleinen Gesten. Bestrafte mich meine Mutter wegen einer schlechten Schulnote, steckte er mir oft zum Trost einen Radiergummi oder einen Bleistift zu. Am wichtigsten war, was er dabei sagte: „Das nächste Mal wird es bestimmt besser." Das ermutigte mich, dann war alles nur noch halb so schlimm.

Das Fröhliche und Lebenslustige, auch das etwas Lässige und das Freigiebige – das alles war uns beiden zu eigen. Lag es vielleicht auch am schwierigen Verhältnis zu meiner Mutter, dass ich darauf immer außerordentlich stolz war? Es gab mir ein Gefühl der Zugehörigkeit, dass auch er nicht in allem perfekt war. Leider war es ihm nicht vergönnt, wie sein Vater das biblische Alter von fünfundneunzig Jahren zu erreichen, auch wenn ich es mir sehr gewünscht hatte. Er starb sechs Monate vor seinem neunzigsten Geburtstag. Es war das Jahr, in dem meine Eltern ihren sechzigsten Hochzeitstag feiern wollten. Er bereitete noch alles für die Feier vor, bevor sie in den Urlaub flogen, nach Island. Irgendwo am nordöstlichsten Zipfel der Insel sagte er: „Wie schön, dass ich das alles noch erleben kann", brach zusammen und starb. Ich war am Boden zerstört. Sein Tod fiel in eine sehr schwierige Zeit meines Lebens. Es dauerte lange, bis ich die Trauer darüber überwunden hatte.

Es gab noch jemand in der Familie, der mir in der Kindheit liebevoll zur Seite stand: mein Stiefgroßvater. Anfang der 1950er Jahre lebte er eine Zeit lang bei uns. Da er vor dem Krieg Lehrer an einer Grundschule war, verdonnerte ihn meine Mutter dazu, mit mir zu pauken. Ich wollte viel lieber raus ins Freie, Sport treiben, mit anderen Kindern spielen. In meiner Verzweiflung warf ich ihm eines Tages das Lateinbuch an den Kopf. Er nahm es mir nicht übel, im Gegenteil. Er verstand mich, ihm konnte ich mein Leid klagen. Waren wir alleine, führte er intensive Gespräche mit mir.

Als ich 1955 im Rahmen eines Schüleraustausches zum zweiten Mal nach England fuhr, schrieb ich ihm von dort einen sehr langen und überaus begeisterten Brief. Die Wells, meine Gastfamilie, nahmen mich mit offenen Armen auf. Das war so kurz nach dem Krieg nicht selbstverständlich, hatten doch auch sie unter „The Blitz" gelitten, wie die Angriffe der deutschen Luftwaffe während des Zweiten Weltkriegs genannt wurden. Audrey, die fünf Jahre älter als ich war, stellte mich ihren Bekannten sogar als ihre „deutsche Schwester" vor. Obwohl ich manchmal wegen meiner Herkunft aus Deutschland ein schlechtes Gewissen hatte, fühlte ich mich in England von Anfang an wohl. Mir gefiel der englische Lebensstil, und von Schottland, wo Audreys Mutter Betty herstammte, war ich hingerissen. Bettys elf Geschwister wurden alle zu meinen neuen Tanten und Onkeln. Derik, Audreys Vater, nannte ich auch nur noch „Daddy". Als die schöne Zeit vorüber war, wusste ich, dass ich nicht das letzte Mal hier gewesen war. Daddy gab mir zum Abschied einen Brief mit. Darin lobte er, dass ich mein Land würdig vertreten hätte. Aus dem Besuch im Rahmen eines Schüleraustausches ist im Laufe der Jahre eine enge Freundschaft geworden, die bis heute anhält. Wir sind und bleiben eine deutsch-englische Familie, daran wird auch der Brexit nichts ändern.

Es dauerte nicht allzu lange, bis ich wieder nach England reiste. Diesmal arbeitete ich als Au-pair bei einer Familie. Immer wenn ich einen Tag frei hatte, fuhr ich in mein zweites Zuhause, zu Mummy und Daddy. Meine Freude darüber, sie wiederzusehen, wurde durch den Tod meines Stiefgroßvaters getrübt. In seinem letzten Brief an mich freute er sich, dass meine nächste Praktikumsstelle ganz bei ihm in der Nähe lag: „So kannst du mich oft besuchen, hoffentlich erlebe ich das noch", schrieb er. Ein paar Tage später fühlte ich mich sehr niedergeschlagen. Als meine Arbeitgeberin Mrs Penny meinen Zustand bemerkte, meldete sie ein dreiminütiges Telefongespräch mit meinen Eltern an. Diese fragten mich verwundert nach dem Grund für den Anruf, wollten wissen, ob ich gesund und ob alles in Ordnung sei. Sie erzählten mir nicht, dass es meinem Stiefgroßvater sehr schlecht ging. Er starb in der darauffolgenden Nacht, doch das erfuhr ich erst zwei

Wochen später in einem Brief. Ich war ihnen lange Zeit gram, dass sie mich nicht umgehend informiert hatten. Wahrscheinlich war ihnen gar nicht bewusst, wieviel er mir bedeutet hatte.

Am Ende steht ein neuer Anfang

Bis zu ihrem Tod kämpfte ich um die Liebe und die Anerkennung meiner Mutter. Nur selten genügte ich ihren hohen Ansprüchen und ihrem strengen Urteil. Auch wenn ich mich nach außen hin unverwüstlich und fröhlich gab, fühlte ich mich oft unsicher und ungeliebt. Selbst als ich immer älter wurde, verschwand die unerbittliche Richterin nicht aus meinem Leben. Was ich auch tat, sofort tauchte in meinem Kopf die Frage auf: „Was würde Mutti dazu sagen?" Es war, als würde sie mich leben, oder besser gesagt: Ich ließ mich von meiner Mutter leben. Verborgen hinter meinem dicken Schutzpanzer hielt ich das „gelebt werden" sehr lange aus.

Unser problematisches Verhältnis ließ sich bis zum Schluss nicht auflösen. Wie schwer es ihr fiel, über ihren Schatten zu springen, zeigte sich auch nach meiner Tour. Als ich sie besuchte und ihr begeistert davon erzählen wollte, wehrte sie brüsk ab. Sie wollte nichts davon hören. Das verletzte mich sehr. Es war das letzte Mal, dass wir uns sahen. Danach wurde mir eines klar: Ich musste endlich aufhören, um ihre Zuneigung und ihre Billigung zu kämpfen. Um dieses Kapitel für mich abschließen zu können, schrieb ich ihr einen Abschiedsbrief. Bald darauf starb sie. Ob sie ihn vorher noch gelesen hat, weiß ich nicht. Ich bedaure es bis heute, dass es uns nicht möglich war, über unsere Gefühle zu sprechen.

Es drängte mich, zu verstehen, warum sich meine Mutter mir gegenüber oft so hartherzig verhalten hatte. Ich vermutete einen Zusammenhang mit der Schwarzen Pädagogik, die bereits vor dem Nazi-Regime das Credo der Kindererziehung war. Also beschloss ich, den furchtbaren Erziehungsratgeber „Die deutsche Mutter und ihr erstes Kind" von Johanna Harrer zu lesen. Die Originalausgabe, denn bei den Ausgaben, die nach 1945 erschienen, war der übelste Nazi-Jargon aus dem Text verschwunden, genauso wie das Wort „Deutsche" aus dem Titel. Meine Mutter schenkte meiner Nichte ihr Originalexemplar, als diese ihr erstes Kind erwartete. Ich lieh mir das Buch aus. Beim Lesen schüttelte es mich vor Entsetzen: Eltern sollten Säuglinge schreien lassen, anstatt sie in den Arm zu nehmen. Zu viel Liebe und Zärtlichkeit würden sie nur zu kleinen „Haustyrannen" machen. Um Kindern in der Trotzphase Gehorsam einzutrichtern, müsse man sie in dunkle Räume einsperren oder prügeln. Was haben diese Erziehungsmethoden nicht alles zu verantworten! Wie sollen denn Kinder ohne Liebe zu starken und mitfühlenden Menschen heranwachsen?

Wie heißt es so schön: Die Zeit heilt alle Wunden. Vielleicht nicht alle, aber sie hilft dabei, Vergangenes gelassener zu sehen. Dazu gehörte auch, dass ich im Alter meiner Mutter in manchem immer ähnlicher wurde. „Genau wie Mutti", schoss es mir durch den Kopf, wenn es mir bewusst wurde. Ihr selber war es ebenso ergangen: „Wie die Oma", sagte sie häufig. Damals lachte ich darüber. Wenn es mir heute passiert, dann denke ich nur: „Oh weh, oh weh", und trage es mit Humor. Ich wurde 1939 als erstes Kind einer deutschen Mutter geboren. Sie war ein Kind ihrer Zeit und das prägte unsere Beziehung. Doch auf ihre ganz eigene, sehr spröde Art liebte mich meine Mutter. Ich bin froh, dass ich sie heute endlich so annehmen und akzeptieren kann, wie sie war. Das muss beginnende Altersweisheit sein!

Kapitel 2

Frauen fliegen mit gestutzten Flügeln

Ich wäre gerne als Junge auf die Welt gekommen. Aber ich wollte auch eine große Familie mit vielen Kindern, am besten sechs Buben und alle mit roten Haaren und Sommersprossen. Keiner der beiden Wünsche erfüllte sich, das Leben hatte etwas anderes mit mir vor. Heute bin ich stolz auf alles, was ich als Frau und ohne eigene Familie erreicht habe. Doch ich haderte lange damit, dem weiblichen Geschlecht anzugehören. Heftig kämpfte ich gegen die Beschränkungen und Benachteiligungen an, denen Frauen in unserer Gesellschaft noch heute ausgesetzt sind.

In meiner Kindheit war ich ein halber Junge. Ich besuchte zwar reine Mädchenklassen, spielte aber meistens mit Buben. Mädchen kamen mir zickig vor, sie beschäftigten sich immer nur mit ihren Puppen. Auch ich besaß eine, sogar eine Schildkröt-Puppe, die ich ganz hübsch fand, doch eigentlich interessierte sie mich nicht. Erst als sie in den Wirren des Kriegsendes verloren ging, vermisste ich sie. Ein amerikanischer Soldat nahm sie wohl einfach mit, als wir Hals über Kopf die Wohnung meiner Großeltern in Callenberg verlassen mussten. Das verübelte ich ihm lange, hatte er mir doch versprochen, auf die Puppe aufzupassen, bis ich zurückkomme.

Als wir in Bremen wohnten, akzeptierten mich die Jungs aus der Nachbarschaft als einziges Mädchen in ihrer Straßenbande – obwohl sie alle älter waren als ich. Ließ mich meine Mutter endlich aus dem Haus, spielten wir in den halb zerstörten Straßen begeistert Räuber und Gendarm. Manchmal halfen wir auch auf nicht ganz legale Weise dabei, unsere Familien zu versorgen. Wie fast alles, war Kohle zum Heizen in den Nachkriegsjahren eine heiß begehrte Mangelware. Fuhr ein beladener Kohlewagen durch unsere Straße, ließen wir alles stehen und liegen und rannten hinter ihm her. Nur wir von der Straßenbande durften uns an den Wagen anschleichen und heimlich Eierbriketts herunterwerfen. Die anderen Nachbarskinder sammelten die Briketts auf. Anschließend teilten wir die Beute redlich auf und schleppten sie stolz nach Hause. Doch wehe, andere Straßengangs versuchten, etwas von dem kostbaren Heizstoff zu ergattern – wir vertrieben sie mit Gejohle und Gebrüll!

Im Gegensatz zu mir hielt sich mein Bruder Volker gerne zu Hause auf. Er war ein Bücherwurm und Klassenbester und nicht so ein sportlicher Draufgänger wie ich. Waren wir zusammen unterwegs, folgte er mir auf Schritt und Tritt, ganz nach dem Motto: „Ich gehe dahin, wo Gunda hingeht, dann kann mir nichts passieren." Meine Mutter machte sich irgendwann Gedanken, warum er ein so ruhiges Kind war. Sie fragte den Kinderarzt, was sie mit ihrem Sohn anstellen solle, damit er etwas jungenhafter würde. Ich wüsste gerne, wie er ihre Frage beantwortet hat.

Da er ein sehr ruhiger, zurückhaltender Junge war, wurde mein Bruder oft von seinen Mitschülern drangsaliert. Heute würde man es Mobbing nennen. Dabei ging es manchmal recht rau zu. Eines Tages kam er mit ziemlichen Blessuren nach Hause. Unsere Mutter war völlig aus dem Häuschen. Sie bedrängte ihn so lange, bis er erzählte, was passiert war. Da müsse etwas getan werden, beschloss sie. Ich sollte den Bösewichten einen Denkzettel erteilen. Dazu knotete sie am nächsten Morgen Kastanien in drei der Ecken eines großen Tuchs. Den vierten Zipfel band sie um mein Handgelenk und versteckte das Ganze in meinem Jackenärmel. So gewappnet zog ich etwas früher los als sonst. An einer passenden Stelle wartete ich, bis Volker, seine Peiniger dicht auf den Fersen, angeradelt kam. „Fahr einfach weiter", brüllte ich und stellte mich den Jungs in den Weg. Sie dachten wohl, mit einem Mädchen hätten sie ein leichtes Spiel. Da ließ ich das Tuch aus meinem Jackenärmel fallen und wirbelte es herum, wie ein Cowboy sein Lasso. Ich traf einen der Burschen damit – das tat weh! Von da an ließen sie Volker in Ruhe und um mich machten sie einen großen Bogen.

Ich muss etwa 13 Jahre alt gewesen sein, als es mir dämmerte, dass es zwischen Jungen und Mädchen Unterschiede gab. Der Groschen fiel bei einem Ausflug. Volker und ich radelten zusammen mit einer Gruppe Jugendlicher ans Steinhuder Meer. Dort wollten wir in der Jugendherberge übernachten. Der ausdrückliche mütterliche Befehl hatte gelautet: „Wenn es regnet, kommt ihr sofort zurück!" Es begann zu regnen. Die anderen radelten brav nach Hause. Mein Bruder und ich blieben da. Wir hatten Pfadfinder kennengelernt und uns mit ihnen angefreundet. Wie so häufig, war ich das einzige Mädchen in der Gruppe. Sie verwöhnten mich nach Strich und Faden, wie eine richtige Prinzessin. Einer schenkte mir einen Brotbeutel voll geklauter Radieschen, nachdem er herausgefunden hatte, dass ich sie gerne aß. Genüsslich verspeiste ich sie im extra für mich freigeräumten Zelt.

Beim Räuber-und-Gendarm-Spiel kam ich dem Leiter der Gruppe etwas näher. Er hatte weißblonde Haare und kam mir uralt vor. Als wir uns gemeinsam versteckten, fing es an, in meinem Bauch zu kribbeln. So etwas hatte ich noch nie zuvor gespürt: „Was ist das denn?", fragte ich mich verwundert. Mehr passierte nicht, doch von da an begann ich Jungs mit anderen Augen zu sehen. Wir radelten alle zusammen zurück nach Hannover. Zu Hause mussten Volker und ich ein furchtbares Donnerwetter über uns ergehen lassen. Mein Bruder durfte trotzdem den Pfadfindern am nächsten Tag Hannover zeigen. Ich musste zu Hause bleiben. Als sie ihn abholten, ließ ich eine Dose mit Schuhcreme vom Balkon fallen und rannte hinunter. Ich wollte mich wenigstens von den netten Jungs verabschieden.

Schon seit längerem erlaubte meine Mutter Volker mehr als mir. Er kam auch oft zur selben Zeit wie ich in den Genuss neuer Erfahrungen, obwohl er zwei Jahre jünger war. Wie bei der ersten Oper, die ich zusammen mit meinen Eltern besuchen durfte – es war „Der fliegende Holländer". Mein Bruder war mit von der Partie. Als ich in die Pubertät kam, gab es für mich noch mehr Einschränkungen und Verbote. Ließ mich meine Mutter schon vorher für meinen Geschmack viel zu selten draußen herumstromern, behielt sie mich jetzt noch schärfer im Auge. Als dann meine Periode einsetzte, war das ein ziemlich erschütterndes Erlebnis für mich. Es passierte mitten in den Sommerferien. Erschrocken rannte ich zu meiner Mutter und erzählte es ihr. Gerührt nahm sie mich in den Arm und sagte pathetisch: „Jetzt bist du eine Frau!" Das freute mich ganz und gar nicht. „Ich lass' mich operieren, ich will ein Mann sein", platzte ich heraus. Ich fühlte mich in meinem Körper nicht mehr wohl. Dafür hatte sie kein Verständnis. Aber in einem Punkt war sie sehr fortschrittlich: Obwohl es damals nicht üblich war, Mädchen aufzuklären, sprach sie ausführlich mit mir über die Veränderungen in meinem Körper. Das sehr sachliche Gespräch, gespickt mit medizinischen Ausdrücken, fand in der Küche statt. Sie bügelte und ich sollte mich dazu setzen. Ich wollte das alles nicht hören und machte innerlich die Schotten dicht. Nur was sie zum Abschluss sagte, blieb mir deutlich in Erinnerung: „Hüte dich vor Männern, sie wollen nur das Eine", warnte sie mich eindringlich. Diese Botschaft signalisierte sie mir von da ab unablässig, mal mit Worten, mal durch Verbote.

Heute genießen Mädchen viel mehr Freiheiten als zu meiner Zeit. Das gilt auch für die Kleidung: Sie tragen vieles, was damals undenkbar gewesen wäre. Besonders strenge Kleidervorschriften herrschten in der Klosterschule, die ich mit 13 Jahren besuchte. Ärmellose Oberteile waren auch im Sommer nicht erlaubt, damit nichts „Anstößiges" zu sehen war. Kamen wir dennoch so „unschicklich" bekleidet in den Unterricht, mussten wir beim Melden mit der anderen Hand die Achselhöhle verdecken. In einem sehr heißen Sommer nähte mir meine Mutter ein Trägerkleid. Für die Schule fabrizierte sie dazu ein Cape zum Drüberziehen. Es war aus einem roten Stoff mit weißen Tupfen und sah abartig aus. Genützt hat es mir nichts, ich musste die Hand trotzdem unter die Achsel halten.

Als ich einige Zeit später an eine staatliche Schule wechselte, versetzten mir die freieren Sitten dort einen ziemlichen Schock. Die Mitschülerinnen liefen in sehr knappen Shorts herum. Ich hingegen kam in einer Pumphose daher, die bis zu den Knien reichte. Kaum aus dem Haus, krempelte ich sie hoch. Um nicht mehr von den anderen ausgelacht zu werden, drängte ich meine Mutter, mir auch Shorts zu kaufen. „Ich brauche sie unbedingt", bettelte ich. Doch das kam für sie auf keinen Fall in Frage, sie fand die kurzen Höschen viel zu aufreizend. Sie bestimmte, was ich anziehen durfte, ich hatte dabei nicht mitzureden. Das änderte sich erst, als ich ein paar Jahre später begann, meine Kleider selber zu nähen. Als ich auch noch anfing, mich zu schminken und mir die Fingernägel zu lackieren, war sie überhaupt nicht davon angetan. Ihrer Meinung nach taten das nur käufliche Frauen.

Lediglich einmal – da war ich noch sehr jung – durfte ich eine Entscheidung über mein Aussehen treffen. Als ich vier Jahre alt war, fragte meine Mutter mich, ob ich meine Haare lang oder kurz tragen möchte. „Das bleibt so, bis du vierzehn wirst", erklärte sie kategorisch, nachdem ich mich für langes Haar entschieden hatte. Es wurde zu dünnen Zöpfen geflochten oder in eine kunstvolle Flechtfrisur gelegt. Später wurde der Pferdeschwanz modern. Ich fand meine Haare viel zu lang dafür. Also schnippelte ich heimlich ein paar Zentimeter, in der Hoffnung, es würde niemandem auffallen. Natürlich merkte es meine Mutter sofort und stellte mich verärgert zur Rede. Am Ende fieberte ich ungeduldig meinem vierzehnten Geburtstag entgegen. Noch am selben Tag ging ich schnurstracks zum Friseur und sagte nur: „Haare ab!" Danach betrachtete ich mich erschrocken im Spiegel. Meine Haare waren plötzlich ganz glatt und die vielen kleinen Löckchen am Haaransatz verschwunden. Doch es versöhnte mich, dass ich mit der neuen Frisur Audrey Hepburn ähnelte, wie ich oft zu hören bekam. Das gefiel mir, mit ihr konnte ich mich identifizieren.

Von da ab wechselte ich häufig meinen „Look". Mal trug ich die Haare kürzer, mal länger. Mal färbte ich sie, mal ließ ich eine Dauerwelle machen. Sogar eine blonde Perücke, zu einem schicken Bob geschnitten, trug ich eine Zeit lang. Einem flotten Kurzhaarschnitt und meiner knabenhaften Figur verdankte ich manche lustige Verwechslung. Einmal passierte es auf einer Bergtour, ich war in Bundhosen und einem rotkarierten Hemd unterwegs. Als ich mich über einen Brunnen beugte, um einen Schluck Wasser zu trinken, klopfte mir ein Senner anerkennend auf den Po und sagte: „Na Bua, host Durscht?"

Den Richtigen gefunden habe ich nie

Als ich heranwuchs, war die traditionelle Rollenverteilung zwischen den Geschlechtern noch fest in Stein gemeißelt. Meine Mutter versuchte, meinen Bruder und mich gleich zu behandeln, was die Mithilfe im Haushalt anging. Also trug Volker den Müll weg und trocknete das Geschirr ab. Meine Aufgaben waren umfangreicher. Ich hatte nicht nur beim Kochen zu helfen, sondern auch beim Waschtag. Es war eine elende Schufterei, die ich aus ganzem Herzen verabscheute: Die halbautomatische Waschmaschine stand den ganzen Tag über nicht still. Hintereinander kamen erst die Kochwäsche, dann die Buntwäsche und am Schluss Socken und Lappen in die heiße Lauge, die sich währenddessen auf die jeweils richtige Temperatur abkühlte. Danach musste alles in klarem Wasser gespült und durch eine Handpresse gedreht werden. Nicht genug, musste ich auch noch etwas zu essen auf den Tisch bringen!

Ein Standardsatz meiner Mutter lautete: „Ihr werdet zur Selbstständigkeit erzogen." So ließ sie uns schon als Jugendliche mit klar definierten Aufgaben alleine zu Hause. Kehrte mein Bruder dann den „Macho" raus und kommandierte mich herum, wehrte ich mich. Dann gab es einfach nichts zu essen. Aber nicht nur im Haushalt bereitete mich meine Mutter auf meine zukünftige Rolle als Gattin und Hausfrau vor. Nach der Konfirmation schenkte sie mir zum Geburtstag und zu Weihnachten nur noch nützliche Dinge für die Aussteuer. Da half auch der Wunschzettel nicht, den Volker und ich vor

Weihnachten schreiben durften. Die Bücher von meiner Liste fanden sich leider nie unter dem Christbaum.

Vor der ersten Tanzstunde

Von einer jungen Frau erwartete man damals, dass sie sich einen Mann sucht, um versorgt zu sein. Meine Eltern hielten die Tanzveranstaltungen der studentischen Corps und Burschenschaften für eine hervorragende Möglichkeit, den „Richtigen" zu finden. Als „Alter Herr" einer Studentenverbindung verfügte mein Vater über die besten Kontakte. Ich fand das zeremonielle Brimborium rund um die ganze Angelegenheit ziemlich lächerlich. Doch da ich für mein Leben gern tanzte, fügte ich mich ins Unvermeidliche. Am Abend vor dem Ball machte der „Fuchs" – ein Student im ersten Semester ohne feste Freundin – seine Aufwartung bei uns, formvollendet mit zwei Blumensträußen bewaffnet. War es ein höhergestellter „Charge", dann kam er in Uniform, im sogenannten „Wichs". Der größere Strauß wurde meiner Mutter, der „Gnädigen Frau", überreicht. Den kleineren bekam ich, das „Gnädige Fräulein". Meine Mutter war begeistert von den jungen Männern, meist mehr als ich. Der Fuchs des Abends könnte ja der Schwiegersohn in spe sein.

Die Bälle verliefen nach strengen Regeln. Eine ältere Anstandsdame überwachte mit Argusaugen, dass sie eingehalten wurden. Frauen durften nur in Röcken oder Kleidern erscheinen. Allerhöchstens drei Tänze mit demselben jungen Mann waren erlaubt, danach musste er seine Tanzpartnerin zum Tisch zurückführen. Nach einem Ball fragte mich meine Mutter immer genauestens über meinen Begleiter aus. Sie wollte wissen, was er studiere, welchen Beruf sein Vater ausübe, ob er katholisch sei – das war im Rheinland sehr wichtig – und noch einiges mehr. Ich wehrte mich gegen ihre Neugier: „Mutti, was interessiert dich das, ich will ihn doch nicht heiraten!" Ihr Drängen verhinderte, dass ich mich stärker für einen der jungen Männer interessierte. So ging das etwa vier Jahre lang. Ich wurde älter, und die Knäblein immer jünger. Irgendwann wurde es mir zu viel, zumal ich als Berufstätige in einer anderen Welt lebte als die Studenten.

Kaum volljährig, wäre ich beinahe in den Hafen der Ehe eingelaufen. Der Auserwählte studierte Pharmazie, um Apotheker zu werden. Im Herbst stellte er mich seinen Eltern vor und nach den Weihnachtsfeiertagen war er bei uns zu Besuch. In der Silvesternacht hielt er um meine Hand an. Mein Vater neckte mich am nächsten Morgen: „Ich hoffe, es bleibt das einzige Mal, dass ich mir wegen dir eine Nacht um die Ohren schlagen musste!" Doch die Verlobung ging in die Brüche. Ich blieb unverheiratet, da sich auch in späteren Jahren nie etwas Ernsthaftes ergab. Bis ich mit Mitte vierzig einen Mann kennenlernte, mit dem ich über zwanzig Jahre lang in „wilder Ehe" zusammenlebte.

Gesellschaftlich war das zu jener Zeit bereits akzeptabel. Aber nicht für meine Mutter, das ließ sie mich und meinen Lebensgefährten spüren. Doch nicht nur das belastete die Partnerschaft. Das Muster, das mich so schmerzlich an meine Mutter kettete, wiederholte sich in der Beziehung. Unaufhörlich bemühte ich mich um seine Zuwendung und Liebe – ohne sie zu bekommen, vor allem nicht in seinen depressiven Phasen. Das ständige Auf und Ab seiner Gefühle weckte in mir ein ungesundes Helfersyndrom. Was nahm ich damals nicht alles hin und was tat ich nicht alles, um die Probleme zu lösen, die er verursachte. Das laugte mich seelisch aus und stürzte mich am Ende selbst in eine Depression. Ich war 65 Jahre alt, als ich es nach mehreren vergeblichen Anläufen endlich schaffte, mich von ihm zu trennen. Es dauerte, bis ich danach mein inneres Gleichgewicht wiederfand.

Eine Frau findet ihre Erfüllung nicht im Beruf – oder vielleicht doch?

Da ich nie verheiratet war, sorgte ich bis zur Rente selbst für meinen Lebensunterhalt. Das wurde Frauen meiner Generation nicht gerade leicht gemacht. Die Probleme fingen bereits bei der Berufswahl an. Volker standen Wege offen, die mir als Mädchen verwehrt blieben. Meine Eltern konnten nur ein Studium finanzieren. Es war keine Frage, wer von uns beiden studieren würde. „Dein Bruder muss später eine Familie ernähren, du heiratest und bist dann versorgt", beschied mir meine Mutter. Das war zu der Zeit der allgemeine Tenor, also fand ich mich damit ab. Doch ich war sehr enttäuscht. Ich träumte davon, Architektin zu werden oder Goldschmiedin. Wie mein Vorfahre, der Kupferstecher und Baumeister, wollte ich einen kreativen Beruf ergreifen.

Meine Eltern hätten es erlaubt, dass ich das Abitur mache, aber ich entschied mich dagegen. Nicht nur, weil ein Studium nicht zur Debatte stand. Wahrscheinlich hätte ich es ohne sitzenzubleiben nicht bis zur Prüfung geschafft und das wäre in den Augen meiner Mutter eine Schande gewesen. Von ihr deswegen abgekanzelt zu werden, wollte ich mir tunlichst ersparen. Aber wie sollte es nach der bestandenen Mittleren Reife weitergehen? Die „Chefin" der Familie nahm wie üblich das Heft in die Hand und begleitete mich zur Berufsberatung. Dort erklärte sie kurz und bündig: „Meine Tochter hat pädagogische und hauswirtschaftliche Fähigkeiten." Vom Schüleraustausch in England mit einer Hepatitis zurückgekommen, war ich ziemlich angeschlagen und brachte kaum den Mund auf. So antwortete ich der Beraterin, als sie mich nach meinem Berufswunsch fragte, nur: „Goldschmiedin." Meine Mutter war dagegen, sie hielt es für eine brotlose Kunst. Daraufhin schlug die Beraterin eine Ausbildung zur Uhrmacherin vor. Da wiederum äußerte ich Bedenken: Acht Stunden auf einem Stuhl stillzusitzen und unter einem Vergrößerungsglas winzige Teile zu bearbeiten, das war nichts für mich. Welche Möglichkeiten blieben da noch übrig? Männerberufe waren nicht im Angebot.

Letztendlich lief es auf Hauswirtschaft hinaus. Ich stimmte zu, die Frauenfachschule zu besuchen, es klang nach einer annehmbaren Alternative. Die Sportlehrerin auf der Klops-Akademie – so nannten wir Schülerinnen die Ausbildungsstätte – meinte allerdings, dass Sport besser zu mir passe als Hauswirtschaft. Das fand ich auch! Von da ab konzentrierte ich mich auf den Sportunterricht, die anderen Fächer fielen ziemlich unter den Tisch. Bis meine Mutter ein Machtwort sprach. Da ich erst 16 Jahre alt war, musste ich sie die Zeugnisse unterschreiben lassen. „Sport ist schön und gut, doch das Andere muss auch in Ordnung sein", merkte sie an. Brav fügte ich mich und legte die Prüfung zur Hauswirtschaftsleiterin ab – obwohl mir schon damals klar war, dass ich den Beruf niemals ausüben würde. Das Anerkennungsjahr bei den Stadtwerken Bonn hatte dennoch seine spannenden Seiten. Damals war die Stadt noch Sitz der Bunderegierung und des Bundestags. Als es nach einer reichen Ernte eine „Dicke-Bohnen-

Schwemme" gab, trat das Ernährungsministerium, wie schon öfters zuvor, mit der Bitte um Rezeptvorschläge an die Versuchsküche der Stadtwerke heran. Nun lag mir gerade dieses Gemüse nicht besonders, war es doch in schlechten Zeiten zu oft im Kochtopf gelandet. Doch als wir gemeinsam Rezepte kreierten, lernte ich, aus Zutaten, die gerade zur Hand sind, leckere Gerichte zuzubereiten. Im Ganzen gesehen war es eine sehr angenehme Zeit.

Anerkennungsjahr zur Hauswirtschafterin

Meine erste Arbeitsstelle trat ich Anfang der 1950er Jahre an, als Haushaltsberaterin für den Elektrobereich bei den Stadtwerken in Koblenz. Es war die Zeit des Wirtschaftswunders und viele neuartige Elektro- und Haushaltsgeräte kamen auf den Markt. Die Menschen konnten sich wieder etwas leisten und waren begeistert. Vor allem die Frauen, denn die modernen Geräte erleichterten die Hausarbeit enorm. Doch kaum eine wusste, wie sie funktionierten. Hier kam ich als Haushaltsberaterin ins Spiel. Ich fuhr über Land und brachte Hausfrauen bei, wie man mit einem Elektroherd stromsparend kocht, eine Waschmaschine bedient oder eine Höhensonne anwendet. In der Werksküche der Stadtwerke und auch auf dem Land gab ich Kochkurse. Dort baten mich sogar einige Jungs, teilnehmen zu dürfen. Ihnen brachte ich bei, achtsam mit Lebensmitteln umzugehen und wie sie sich beim Zelten verköstigen können.

Irgendwann, es muss etwa nach vier Jahren gewesen sein, packte mich die Langeweile. Ich sehnte mich nach einer neuen Herausforderung, außerdem war die Bezahlung schlecht. Im April 1961 fuhr ich für eine Woche nach Berlin. Ich fühlte mich in meiner Geburtsstadt sofort heimisch. Hier würde ich mir eine neue Stelle suchen, beschloss ich. Doch als sich der Ton zwischen den West-Alliierten und Russland in der Berlin-Krise immer mehr verschärfte, geriet meine Mutter in Panik. Sie befahl mir, auf der Stelle zurückzukommen. Ich wagte es nicht, dagegen aufzubegehren. Damit war Berlin aus dem Rennen und ich versuchte mein Glück woanders. Schon meine erste Bewerbung war erfolgreich: Die AEG-Niederlassung in München stellte mich ein, wo ich wieder als Haushaltsberaterin für den Elektrobereich arbeitete. Die Stadt gefiel mir auf Anhieb. Doch kaum waren vier Jahre vergangen, ödete mich auch diese Arbeitsstelle schon wieder an. Also streckte ich auf dem Arbeitsmarkt meine Fühler aus und landete nach mehreren Jobs in der Abteilung für Einbauküchen bei einem Sanitärgroßhandel. Man höre und staune: Ich war die erste Frau in der Abteilung! Sie arbeiteten mich mehrere Wochen lang gründlich ein und dann ließen sie mich auf die Menschheit los. Endlich durfte ich kreativ sein, ich war voll in meinem Element. Mit viel Elan plante und entwarf ich eine Küche nach der anderen. Das machte mir nicht nur riesigen Spaß, es fiel mir auch leicht, denn schon als Kind hatte ich über eine ausgeprägte Vorstellungsgabe verfügt. Betrachtete ich den Grundriss einer Küche, sah ich nicht nur einen flachen Plan – ich hatte sie plastisch vor Augen. Noch etwas anderes hatte ich meinen männlichen Kollegen voraus: Dank meiner hauswirtschaftlichen Ausbildung war ich mit den Arbeitsabläufen in einer Küche bestens vertraut.

Meine erste erfolgreiche Beratung werde ich nie vergessen. Ich verkaufte die sonnengelbe Siematic-Küche an eine Apothekerin. Die Kundin war begeistert und äußerte es gegenüber der Geschäftsleitung: „Gott sei Dank, endlich gibt es hier eine Frau, die etwas von Küchen versteht!" Später wurde ich in der Branche für kurze Zeit sehr bekannt: Ich verkaufte eine Küche für sage und schreibe 100.000 D-Mark. Das war für einige Zeit der neue Rekord. Doch all meine Fähigkeiten und Erfolge zählten in dieser männerdominierten Arbeitswelt nicht. Wie oft kam der Chef und verlangte für einen wichtigen Kunden einen „richtigen" Küchenplaner. Das konnte natürlich nur ein männlicher Kollege sein.

Egal wie gut ich war, ich kam beruflich nicht weiter. Irgendwann hatte ich die Nase gestrichen voll. „Wie sieht es denn mit einer verantwortungsvolleren Position für mich aus?", fragte ich meinen Chef. Ich erhielt eine deutliche Abfuhr: „Sie wachsen mit der Aufgabe", erklärte er mir. Das tat ich bereits seit sieben Jahren und dazu sehr erfolgreich. Ich kündigte. Da sprang er plötzlich im Quadrat, er wollte mich nicht verlieren. Auch das Angebot einer saftigen Gehaltserhöhung – 600 D-Mark waren damals eine Menge Geld – konnte mich nicht halten. Mir ging es nicht um ein besseres Gehalt, ich wollte eine Arbeitsstelle, die meinem Können und meinem Wissen entsprach. Mit dem Wechsel zur Konkurrenz geriet ich allerdings vom Regen in die Traufe. Mein neuer Vorgesetzter akzeptierte noch weniger, dass ich genauso viel konnte wie er. Schließlich war ich nur eine Frau und darüber hinaus auch noch älter als er.

Auch der nächste Versuch, eine interessante Wirkungsstätte und Anerkennung für mein Können zu finden, scheiterte daran, dass ich eine

Frau war. Ich bewarb mich bei einem Küchenhersteller. Sie suchten jemanden, der im Werk Schulungen für Händler durchführt. Die Zuständigen kannten mich bereits und wussten, was ich draufhatte. Die Stelle wäre mir wie auf den Leib geschneidert gewesen, trotzdem sagten sie mir voller Bedauern ab: „Schade, wären Sie ein Mann, hätten Sie die Stelle sofort." Daran knabberte ich ziemlich lange. In der Branche war damals eine Frau die absolute Ausnahme. Nach den Schulungen ging man(n) üblicherweise einen trinken. Meist blieb es nicht bei einem. Alkoholisiert fielen die Herren der Schöpfung gerne aus der Rolle. Wahrscheinlich befürchtete das Unternehmen, dass ich als Frau in diesem Job Belästigungen ausgesetzt sein würde. Dazu fällt mir natürlich die aktuelle #MeToo-Debatte ein. Nicht erst seit heute sind Frauen am Arbeitsplatz Opfer sexueller Übergriffe. Wenn ich als junge, und vor allem als unverheiratete, Frau so etwas erlebte, wehrte ich mich dagegen. Musste es sein, setzte es auch Ohrfeigen!

Können Sie den Kopierer überhaupt bedienen?

Damit war meine Karriere in der Küchenbranche endgültig beendet. Glücklicherweise tat sich etwas ganz Neues und sehr Spannendes auf. Meine beste Freundin vermittelte mich an den Lehrstuhl für Entwerfen und Gestalten an der Technischen Universität München. Dort wurde eine Sekretärin gesucht. Zuerst war ich von dem Jobangebot nicht besonders begeistert, ich befürchtete, die Arbeit würde mich langweilen. Trotzdem stellte ich mich beim Lehrstuhlinhaber vor. Im Laufe des Gesprächs erzählte ich ihm von meinem gescheiterten Traum, Architektur zu studieren. Das beeindruckte ihn. Er schlug mir vor, mich der Verwirklichung meines Traums durch die Hintertür zu nähern: „Sie fangen an, die Vorlesungen vorzubereiten und korrigieren die Arbeiten der Erstsemester, den Rest bringe ich Ihnen schon bei!"

Eine wichtige Voraussetzung für die Stelle fehlte mir noch: das Zertifikat für Bauzeichnen. Ohne zu zögern setzte ich mich auf den Hosenboden und paukte. Die Prüfung legte ich in Rekordzeit und mit Bestnote ab. Darüber war der Prüfungsvorsitzende so überrascht, dass er im ersten Moment das Ergebnis anzweifelte und sogar Einspruch dagegen einlegen wollte. Doch er besann sich rasch eines Besseren. Normalerweise hatte er es bei den Prüfungen mit „jungem Gemüse" zu tun. So hatte er nicht bedacht, dass ich mit meinen 36 Jahren über einige Berufspraxis und Lebenserfahrung verfügte, was mich die Prüfungen mit Bravour bestehen ließ. Doch ich sollte die Früchte meiner Anstrengung nicht genießen. Eine Mitarbeiterin der TU hatte inzwischen „meine" Stelle eingeklagt. Nicht nur ich war enttäuscht darüber, auch der Professor fand es sehr schade. Deshalb empfahl er mich seinem Architekturbüro.

Wenn ich an das Vorstellungsgespräch mit dem dortigen Büroleiter denke, muss ich schmunzeln. Er wollte wissen, ob ich mit einer Schablone umgehen könne. Das konnte ich bejahen. Die Fragen, ob ich statische Pläne lesen, zeichnen oder entwerfen könne, musste ich verneinen. Irgendwann rief er verzweifelt aus: „Ja, was können Sie denn überhaupt?" Meine Antwort schien ihn zu überzeugen: „Ich kann alles lernen", sagte ich ruhig. Als ich ging, hatte ich einen befristeten Arbeitsvertrag über sechs Wochen in der Tasche. Geblieben bin ich über zwanzig Jahre lang, bis ich mit 60 in Rente ging. Am Anfang setzten sie mich als Hilfskraft ein. Ich erledigte Botengänge mit dem Auto und ein Kollege stellte mich mit den Worten an den Kopierer: „Können Sie das Gerät überhaupt bedienen?" Später entdeckten sie, dass ich über ein gutes räumliches Vorstellungsvermögen verfügte. Von da an arbeitete ich als Bauzeichnerin für verschiedene Bauvorhaben. Mein Chef bedauerte es, dass ich keine studierte Architektin war. Also lieh er mir die Unterlagen für einen Fernstudiengang aus seiner Studienzeit. Doch meine Kolleginnen und Kollegen rieten mir davon ab, sie zu nutzen, sie seien inzwischen veraltet.

Als mein vierzigster Geburtstag nahte, beschloss ich, mir ein Abenteuer zu schenken. Ich flog nach New York und reiste sechs Wochen lang alleine durch die USA und Kanada. Begeistert von der endlos weiten Landschaft schwelgte ich in dem Gefühl, pure Freiheit zu atmen. Das erste Mal im Leben fühlte ich mich unbeschwert. Beinahe wäre ich dortgeblieben. In Calgary suchte ich die kanadische Einwanderungsbehörde auf, um die Voraussetzungen für eine Aufenthaltsgenehmigung zu erfragen. Ein Architekturbüro, das mich einstellen wollte, hatte ich auch schon gefunden. Doch dann verließ mich der Mut. Hatte ich wirklich genügend Erfahrung im Bauzeichnen? Und dann noch die ganzen Fachausdrücke auf Englisch! Die Sorge, eine Bauchlandung hinzulegen, ließ mich zurück nach München fliegen. Am ersten Arbeitstag nach dem Urlaub empfing mich der Büroleiter mit den Worten: „Ich hätte nicht gedacht, dass Sie zurückkommen." Ich auch nicht.

Einige Zeit später fiel ich wegen einer schweren Operation für längere Zeit aus. Die ungeplante Pause wischte die nur spärlich vorhandenen beruflichen Aufstiegschancen endgültig vom Tisch. Noch etwas anderes beunruhigte mich zu dieser Zeit: Die Wirtschaft steckte in einer Krise. Ich hatte Angst, als Nichtstudierte und Frau zu den Ersten zu gehören, die ihren Job verlieren würden. Also griff ich zu, als die Stelle der Sekretärin neu besetzt wurde, nach dem Motto: „Lieber den Spatz in der Hand als die Taube auf dem Dach." Aber es blieb eine Notlösung. Ich fühlte mich unterfordert und war kreuzunglücklich. Mehrere Anläufe, woanders eine Stelle mit Entwicklungsmöglichkeiten zu finden, verliefen im Sande. Die Luft war raus. Ein Freund formulierte es so: „Ab einem gewissen Alter gehört die Kuh in den Stall." Ich saß im Sekretariat fest und blieb bis zur Rente auf dem ungeliebten Posten.

Ein Mensch zu sein, zählt mehr als das Geschlecht

Der Kampf um Gleichberechtigung hat eine lange Geschichte. Ich persönlich empfand den Nachteil, eine Frau zu sein, am stärksten im Berufsleben. Nur selten wurden meine beruflichen Leistungen angemessen gewürdigt. Auch wenn es um Beförderungen ging, hatte ich gegenüber der männlichen Konkurrenz kaum eine Chance. Selbst wenn sich für berufstätige Frauen im Laufe der Jahre vieles verbessert hat, das ist noch heute so. Zumindest was Führungspositionen angeht, dort sind Frauen deutlich unterrepräsentiert – und nicht, weil es ihnen an der nötigen Qualifikation fehlen würde. Zudem verdienen viele Frauen noch immer für dieselbe Arbeit weniger als ihre männlichen Kollegen. Im privaten Bereich steht ebenfalls nicht alles zum Besten: Zwar übernehmen Männer einen Teil der Kindererziehung und der Arbeit im Haushalt, doch die Hauptlast liegt nach wie vor auf den Schultern der Frauen. Doch angesichts der ständig steigenden Anforderungen im Beruf lässt sich das Leben als berufstätiges Paar oder als Familie, in der beide Elternteile arbeiten, nur als gutes Team meistern. Dazu braucht es vor allem gegenseitige Akzeptanz.

Mir stößt inzwischen vieles auf, was mich als jüngere Frau nicht gestört hat. Heute wehre ich mich, wenn ich mich benachteiligt fühle. Früher hätte ich mich das nur selten getraut. Erst jüngst erkämpfte ich mir mein ganz persönliches kleines Stück Gleichberechtigung. Ich war nicht gewillt, für meinen Kurzhaarschnitt zehn Euro mehr zu zahlen als ein Mann. Damenschnitt, Herrenschnitt – das passt nicht in die heutige Zeit. Es gibt Langhaarschnitte oder Kurzhaarschnitte und danach sollten sich die Preise richten. Ich diskutierte mit meiner Friseurin so lange darüber, bis ich mich durchgesetzt hatte. Doch bis Frauen wirklich in allem gleichberechtigt sind, wird noch einige Zeit vergehen. Vieles verändert sich nur zäh, vor allem in den Köpfen der Menschen.

Einen wichtigen Aspekt möchte ich noch ansprechen. Die meisten Frauen quälen sich mit ihrem Aussehen herum. Sie fühlen sich zu dick, zu klein, zu hässlich – auch wenn sie es nicht sind. Ich gestehe, auch mir gelingt es nicht immer, mich so anzunehmen, wie ich bin. Doch es geht auch anders: Schon immer gab es Frauen, die sich in ihrem Körper wohlfühlten. Sehe ich eine selbstbewusst durch die Straßen schreiten, weckt das meine Bewunderung. Manchmal packt mich auch der Neid. Vor allem, wenn ich mich ertappe, wieder einmal verschämt durch die Stadt zu huschen. Dabei fühlt es sich doch viel besser an, wenn schon der Gang ausdrückt: „Ich finde mich schön!" Leider ist das nicht so leicht. Ich freue mich zwar, wenn meine Brille Gefallen findet, doch ich vermeide es, mich allzu oft im Spiegel zu betrachten.

Über die Jahre bin ich rundlicher geworden und nicht mehr so schlank wie als junge Frau. Wie schon meine Mutter feststellte: „Ab einem bestimmten Alter musst du dich entscheiden, ob du eine Ziege oder eine Kuh sein willst." Sie selbst entschied sich für die Ziege. Ihre Mutter wollte ebenfalls eine Ziege sein und versuchte es mit Apfel-Reis-Tagen. Als sie feststellte, dass es nichts half, klagte mein Oma: „Warum mache ich das nur, wo ich doch so gerne esse!" Auch ich bin ein Schleckermäulchen. Außerdem ist das Leben kurz, man sollte es in vollen Zügen genießen. Also beschloss ich, lieber eine gutgelaunte Kuh als eine meckernde Ziege zu sein.

Als ich älter wurde, erlebte ich eine erstaunliche, aber sehr befreiende Metamorphose. Es fühlte sich so an, als hätte ich die „Frauenhülle" abgestreift. Es verlor an Bedeutung, ob ich dem Schönheitsideal entsprach oder ob ich verheiratet, Mutter oder eine Karrierefrau war. Heute ist es mir in erster Linie wichtig, als Mensch gesehen und anerkannt zu werden. Ich weiß, für viele ist es ein niederschmetterndes Erlebnis, wenn sie ab einem bestimmten Alter nicht mehr als Frau wahrgenommen werden. Für mich war es eine Befreiung.

Kapitel 3

Kopfüber in den Ruhestand

Mein Eintritt in den Ruhestand war das reinste Abenteuer! Nachdem ich jahrzehntelang im Beruf gestanden hatte, begann ich mich nach den Freiheiten zu sehnen, die das Leben im Ruhestand versprach. Doch bevor sich die Tore zum gelobten Paradies für mich öffneten, musste ich noch die letzten Berufsjahre ohne Blessuren überstehen. Ich wurde älter, die Kolleginnen und Kollegen immer jünger. Sie waren belastbarer, schneller und furchtloser im Umgang mit neuen Technologien. Als Computer angeschafft wurden, gingen wir Älteren viel vorsichtiger damit um, aus lauter Sorge, versehentlich ein Programm zu löschen oder sonst etwas kaputt zu machen. Obwohl ich kurz darauf in Rente ging, gehörte ich dennoch mit zu den Ersten, die sich mit diesem elektronischen Wunderding auseinandersetzte. Um Fridolin – so nannte ich meinen PC liebevoll – zu verstehen, besuchte ich in der Volkshochschule einen Programmierkurs. Und gleich darauf einen weiteren Kurs, um sein Innenleben kennenzulernen.

Die Energie und den Enthusiasmus der Jungen glich ich immer wieder durch meine größere Berufs- und Lebenserfahrung aus. Doch es war nicht leicht mitzuhalten. Mit Ende 50 ist man einfach nicht mehr so fit wie eine 30-Jährige oder ein 40-Jähriger. Waren in den letzten Berufsjahren nicht auch der Zeitdruck bei den Bauvorhaben immer größer und der Umgangston im Büro immer ruppiger geworden? So kam es mir zumindest vor. Ich quälte mich durch anstrengende Arbeitstage und kämpfte dagegen an, zum alten Eisen gezählt zu werden. Wenigstens gab es in meiner Freizeit etwas, das mir Freude bereitete und mich aufbaute: Seit einigen Jahren gehörte ich zu einem Kreis von Menschen, der sich bürgerschaftlich engagierte.

Plagte mich der Stress im Büro zu sehr, wehrte ich mich mit flotten Sprüchen: „Ich glaube, sogar als Sklave bei George Washington wäre es mir besser ergangen!" Auch die ständigen Konflikte mit meinem Lebensgefährten und die Trauer über den Tod meines Vaters nahmen mich in dieser Zeit sehr mit. Obwohl ich immer dünnhäutiger wurde, versuchte ich die Fassade aufrechtzuerhalten. So wie ich es bereits als Kind gelernt hatte: nach außen hin fröhlich und stark zu erscheinen, egal wie es in mir aussah. An manchen Tagen setzte ich einen kleinen Zwerg vorne auf meinen Schreibtisch. Dann wussten alle im Büro, es war besser, mich möglichst wenig anzusprechen – bis er wieder verschwand.

Irgendwann ging nichts mehr. Es war ein winziger Tropfen, der das randvolle Fass zum Überlaufen brachte. Es passierte am Tag nach dem Umzug in unsere neuen Büroräume. Einpacken, sauber machen, wieder auspacken – und das alles am Wochenende und für meine Kollegin, die im Urlaub war, gleich noch mit. Als ich am Montagmorgen in dem ganzen Chaos – es gab noch keine Schreibtische – die Post verteilen sollte, klappte ich zusammen. Für meine Kolleginnen und Kollegen und den Chef kam das ziemlich unerwartet. Zu gut hatte ich die Starke gemimt. Um nach dem Burnout wieder auf die Beine zu kommen, suchte ich eine psychosomatische Klinik auf.

Gott sei Dank gab es Sauser. Schon als Kind hatte ich mir einen Hund gewünscht, doch meine Mutter lehnte es kategorisch ab: „Ein Tier kommt nicht ins Haus!" Auch später, als ich nicht mehr im Haus meiner Eltern lebte, gab es immer wieder Gründe, die gegen die Anschaffung eines Hundes sprachen. Bis die Zeit endlich reif war: 1993 holte ich einen jungen Rauhaardackel beim Züchter ab. Was für ein Glücksgefühl, den kleinen Kerl im Arm zu halten! Als Sauser und ich in der Wohnung ankamen, wurde mir plötzlich Himmelangst. Die Fürsorge für so ein kleines, abhängiges Wesen ist eine große Verantwortung. Würde ich auch alles richtig machen? Wäre ich den Anforderungen gewachsen? Doch Sauser brachte mir mit seinem hinreißenden

Dackelblick und seiner beredten Mimik rasch bei, ihn zu verstehen. Es dauerte nicht lange, und wir waren ein Herz und eine Seele. Er wurde mein bester Kamerad und rettete mich in schwierigen Zeiten.

Wo geht es hier zur Rente?

Die Jahre gingen dahin und mein sechzigster Geburtstag tauchte langsam am Horizont auf. Mir war bekannt, dass Frauen des Jahrgangs 1939 ohne größere Abzüge mit 60 in Rente gehen konnten. „Das rettet mich", dachte ich mir, pilgerte zur Rentenstelle und ließ mich beraten. Die Dame, mit der ich sprach, meinte: „Wenn Sie etwas mit Ihrer Freizeit anzufangen wissen, sollten Sie in Rente gehen." Das wusste ich allerdings! Mein Kopf war angefüllt mit Ideen und Plänen, die ich im Ruhestand angehen wollte. Doch selbst wenn ich nichts mit der freien Zeit anzufangen gewusst hätte – bis 65 im Job durchzuhalten, das war undenkbar. Ich überlegte nicht lange und stellte einen Antrag. Offiziell sollte ich am 1. Juli 1999 in Rente gehen. Doch dank der vielen Überstunden und des Resturlaubs würde der 28. März 1999 mein letzter Tag im Büro sein. Nur noch ein Jahr, der Gedanke kam mir unwirklich vor.

Eine Frage musste ich noch klären: Wie viel Rente stand mir zu? Das erfuhr ich von einem anderen Mitarbeiter der Rentenstelle. Der junge Mann hantierte kurz auf der Tastatur, um meine Daten der Bundesversicherungsanstalt für Angestellte in Berlin auf seinem Bildschirm anzuzeigen. Ich schaute ihm fasziniert zu und wartete gespannt, bis er das Ergebnis ausgedruckt hatte. Feierlich verkündete er meinen monatlichen Rentenbetrag. Mir klappte die Kinnlade herunter. Das fühlte sich viel zu wenig an, nach immerhin über 40 Jahren Berufstätigkeit! „Ist das alles? Schauen Sie bitte nach, da muss mindestens noch ein Hunderter im Computer stecken", sagte ich verdattert. Daraufhin musterte er mich von oben bis unten: „Was brauchen Sie Geld, wenn Sie alt sind?" Das war ein Schlag unter die Gürtellinie. „Sie sollten darüber nachdenken, ob sie mit dieser Haltung hier am richtigen Ort sind", knallte ich ihm an den Kopf, bevor ich wütend das Zimmer verließ. Gerade weil ich alt war, brauchte ich Geld! Denn je älter ich wurde, desto mehr war ich auf Hilfe angewiesen. Früher hätte ich meine Wohnung selber gestrichen, inzwischen musste ich einen Fachmann damit beauftragen. Jeder Handgriff, um den ich jemand bitten musste, wollte bezahlt sein. Selbst der Tod, der doch angeblich umsonst sein sollte, würde mich irgendwann teuer zu stehen kommen. Der diskriminierende Satz des jungen Mannes brannte sich in meinem Gedächtnis ein. Bis heute ärgert es mich, wenn so mit älteren Menschen umgegangen wird, ich halte es für indiskutabel.

Langsam wuchs die Vorfreude: Nur noch zwölf Monate lang morgens aufstehen und zur Arbeit gehen! Ich fing an, alles für meinen lebenslangen Urlaub vorzubereiten. Für die Übergabe an eine neue Kollegin legte ich einen Ordner mit einer Tätigkeitsbeschreibung an. Darin hielt ich akribisch fest, was wann wie und mit wem zu tun war. Es kam mir merkwürdig vor, ständig etwas zum letzten Mal zu erledigen. Eine Woche, bevor ich aufhörte, musste ich noch einmal Kaffeefilter für unsere große Kaffeemaschine im Büro besorgen. Meine letzte, sehr große Bestellung lag schon länger zurück. „Das reicht bis zur Rente", hatte ich damals der überraschten Kundenberaterin erklärt. Das tat es auch, oder zumindest fast. Die Menge war bis auf wenige Tage exakt berechnet. Als ich noch einmal anrief, lachte die Kundenberaterin herzhaft. Sie erinnerte sich sofort an mich – auch nach der langen Zeit.

Ich drängte den Büroleiter immer wieder, möglichst bald eine Nachfolgerin aus dem Hut zu zaubern. Sie kam eine Woche, bevor ich voller Vorfreude in den Ruhestand entschwand. Wie gut, dass ich alles gründlich vorbereitet hatte, die junge Kollegin aus Sachsen musste kaum etwas nachfragen. Dafür erhielt ich von meinem Chef das schon längst verdiente Lob: „Sie haben die Übergabe perfekt gestaltet", meinte er. Das tat gut. Wahrscheinlich bin ich ein paar Zentimeter gewachsen. Und noch einige Zentimeter mehr, als ich bei einem späteren Besuch im Büro meinen Ordner noch immer im Einsatz fand.

Der letzte Arbeitstag fühlte sich so ähnlich an wie früher der letzte Tag vor einem Urlaub. Ich eilte mit fliegenden Fahnen aus dem Büro, ließ die Ablagekörbe leergearbeitet und den Schreibtisch ordentlich aufgeräumt zurück und trotzdem war nicht alles fertig. Ich sollte meinen Lebensgefährten am Autobahnende in Obermenzing abholen. Gerade als ich eilig einige meiner privaten Sachen, den Abschiedsblumenstrauß und Sauser ins Auto packen wollte, forderte mich mein Chef zum Diktat an. „Das geht nicht mehr", lehnte ich ab. Er mochte es kaum glauben, dass ich an diesem Tag in Rente bzw. in Urlaub ging. „Sie haben sich bestimmt mit den Tagen verrechnet", verabschiedete er sich von mir.

Abenteuer Rente

Mein erster Morgen als frisch gebackene Rentnerin brach an. Ich fühlte mich so frei wie selten zuvor. Endlich konnte ich den Tagesablauf ganz nach meinem Geschmack gestalten. Ich stand zu meiner üblichen Bürozeit auf, so zwischen sechs und sieben Uhr. Das mache ich noch heute so. Rasch absolvierte ich das morgendliche Ritual im Bad und ging mit Sauser die obligatorische erste Runde. Zurück in der Wohnung, stand ich etwas belämmert da. Was sollte ich denn jetzt anfangen? München gründlich erkunden? Eine gute Idee, ich kannte meine Heimatstadt viel zu wenig. Ausmisten? Ein ausgezeichneter Plan, die Wohnung war in den letzten Jahren nur noch oberflächlich in Schuss gehalten worden. Mich weiterbilden und ein Studium anfangen? Genau das Richtige, es gab so viel Neues zu lernen. Lesen, schreiben, malen? Wunderbar, im stressigen Berufsalltag war meine Kreativität gänzlich verkümmert. So viele Ideen und ich hatte keine

Ahnung, mit welcher anfangen. Niemand sagte mir, wo es langging. Normalerweise würde ich mich um diese Zeit im Büro den täglichen Aufgaben widmen. Jetzt saß ich da und drehte mich nur um mich selbst.

Ernüchtert stellte ich fest: Das Ankommen im so innig herbeigesehnten Ruhestand ist nicht so leicht wie gedacht. Ist Ihnen das auch so ergangen? Es wundert mich nicht, dass es zuhauf Ratgeber, Romane oder Filme zu diesem Thema gibt. Wie Loriots wunderbaren Film „Pappa ante Portas", in dem er die Probleme des Rentnerlebens mit seinem unverwechselbaren Humor auf die Schippe nimmt. Ich bin überzeugt, Unternehmen könnten einiges dazu beitragen, den Übergang vom Berufsleben in den Ruhestand fließender zu gestalten. Wie wäre es beispielsweise damit, Berufstätigen ab einem bestimmten Alter zu ermöglichen, ihre Arbeitszeit zu reduzieren bzw. flexibler zu gestalten? Eine Art „Hinausgleiten" aus der Berufstätigkeit. Wie bei einigen Medikamenten. Sie können auch nicht einfach von heute auf morgen abgesetzt werden, man muss sie ausschleichen.

Nach reiflichen Überlegungen beschloss ich, zuerst für „Tabula rasa" in der Wohnung zu sorgen. Sie sollte gründlich aufgeräumt und entrümpelt werden, damit ich den neuen Lebensabschnitt ohne Ballast im Wohnumfeld beginnen konnte. Es entwickelte sich zu einer unendlichen Geschichte. Eine Schublade zu sortieren, hieß unweigerlich, eine andere aufzureißen und dann noch eine und so weiter. Abends sah meine Wohnung aus, als hätte eine Bombe eingeschlagen. „So wird das nichts", überlegte ich und verordnete mir, von acht Uhr bis zwölf Uhr auszumisten, und danach mein Leben im Ruhestand zu genießen. Einige Zeit hielt ich es durch. Pünktlich um die Mittagszeit zog ich mit Sauser und Fotoapparat in den Englischen Garten. Bis hinauf zum Aumeister streiften wir zusammen durch die saftig-grünen Anlagen. Dort gönnten wir uns eine Brotzeit und ich plauderte mit netten Leuten. Das war alles schön und gut, es gab nur ein Problem: Ich kehrte wieder in das mittags hinterlassene Chaos zurück.

Entnervt schaltete ich bei der Aufräumaktion einen Gang zurück. Stattdessen ließ ich mich ohne Termindruck dahintreiben und verbrachte viel Zeit mit Sauser. Auch populärwissenschaftliche Fernsehsendungen, wie „Terra X", sah ich mir sehr gern an, ich saugte sie regelrecht auf. Danach telefonierte ich oft mit meiner Mutter, die die Sendungen ebenfalls verfolgte. Wir redeten uns die Köpfe heiß, wenn wir etwas unterschiedlich sahen. Doch wenn ich etwas nicht verstanden hatte, konnte sie es mir fast immer erklären. Meine Wissbegier erwachte wieder. Im Laufe der Jahre war sie mir erfolgreich ausgetrieben worden: Meine Eltern ermahnten mich genervt, nicht so viel zu fragen. Der Schulunterricht ermutigte ebenfalls nicht dazu, Fragen zu stellen. Später befürchtete ich, zu fragen sei ein Zeichen von Dummheit. Chefs mochten es auch nicht, wenn zu viel nach- oder hinterfragt wurde. Für die Politik galt das noch viel mehr, das Wahlvolk sollte sich still verhalten. Doch jetzt schränkte nichts mehr meinen Forscherdrang ein, voller Begeisterung ließ ich ihm freien Lauf. Bis ich gebeten wurde, auf einer Baustelle als Sekretärin auszuhelfen.

Ohne einen Moment zu zögern, sagte ich zu. Was für eine Erleichterung! Es gab wieder eine Aufgabe, die meinen Tagesablauf strukturierte. Ich musste mir nicht mehr den Kopf darüber zerbrechen, wie ich meine Zeit sinnvoll ausfüllen sollte. Voller Elan stürzte ich mich in die Arbeit. Die wiedergefundene Zufriedenheit dauerte leider nicht lange an: Meine rechte Hüfte begann mir Probleme zu bereiten. Irgendwann konnte ich vor Schmerzen kaum noch laufen. Auf mein geliebtes Bianchi-Rennrad traute ich mich auch nicht mehr – zu unsicher fühlte ich mich damit im Straßenverkehr. Das war ein harter Schlag, trat ich doch seit meiner Kindheit leidenschaftlich gerne in die Pedale. Wenn ich an die schönen Touren dachte, die ich als Schülerin während der kleinen Ferien in Niedersachsen unternommen hatte, wäre ich am liebsten in Tränen ausgebrochen.

Irgendwann wurden die Schmerzen so stark, dass ich nicht mehr ohne Gehhilfe vom Fleck kam. Also turnte ich, in der einen Hand einen Stock und in der anderen die Unterlagen, auf der Baustelle herum. Bis beim besten Willen nichts mehr ging. Der Arzt riet mir dringend zu einem neuen Hüftgelenk. Die Operation, die Nachbehandlung in der Reha, alles verlief gut. Aber ich war niedergeschlagen. Ich kam nicht mehr richtig in Schwung – und nicht alleine die Hüfte war daran schuld. Ich hatte keine Beschäftigung mehr und der Alltag plätscherte ohne Struktur und Sinn dahin. Es verbesserte meine Stimmung auch nicht gerade, dass ich immer wieder daran scheiterte, mich aus der innerlich schon längst beendeten Partnerschaft zu lösen.

Doch es kam noch dicker: Nur drei Jahre nach der ersten OP lockerte sich der Schaft des künstlichen Hüftgelenks. Ich kam ein zweites Mal unters Messer. Kaum von der Reha zurück, rutschte ich vom Bett und kugelte mir die frisch operierte Hüfte aus. Ein weiteres Mal passierte es einige Monate später im Bad. Diesmal lag ich vor der Tür, die nur 60 Zentimeter breit war und nach innen aufging. Es bedeutete einen ziemlichen Kraftakt, da wieder herauszukommen. „So geht es nicht weiter", dachte ich und beschloss einiges in der Wohnung renovieren zu lassen. Vor allem das Badezimmer. Mir schwebte ein barrierefreies Bad vor, schließlich wollte ich in der Wohnung alt werden. Die Wanne musste raus, und auf jeden Fall sollte die Tür verbreitert werden, damit ich nicht noch mal in so eine missliche Lage geraten würde. Als ich Freunden nach dem Umbau erzählte, ich könne jetzt mit einem Rollstuhl ins Badezimmer hineinfahren, lachten sie. Sie konnten es sich nicht vorstellen, dass ich einmal im Rollstuhl sitze. Doch weiß man das so genau? Es kann schneller etwas passieren, als man denkt!

Verliebt in drei Räder

Fast eine Dekade war seit meinem letzten Arbeitstag vergangen und von meinem anfänglichen Elan nicht viel übriggeblieben. Sauser tat sich auch immer schwerer mit dem Laufen. Kein Wunder, mit seinen

15 Hundejahren war er ein alter Herr. Wir wurden uns von Tag zu Tag ähnlicher und schlichen, fast wie ein altes Ehepaar, mühevoll im Viertel umher. „Dir geht es doch gut", versuchte ich mich immer wieder aufzurichten. Endlich war ich Single, wohnte in einem schönen Zuhause, hatte Freundinnen, Freunde und meinen Sauser. Auch mein bürgerschaftliches Engagement bereitete mir noch immer viel Spaß. Aber es fraß an meiner Lebensfreude, dass ich nicht mehr mobil war.

Bereits einige Jahre zuvor, als ich bei meinem Bruder zu Besuch weilte, hatte ich einen Versuch gemacht, auf einem Dreirad zu fahren. Volker hatte es sich nach seinem schweren Unfall angeschafft. Es war das übliche Modell: vorne ein Rad und hinten zwei, dazwischen ein hoher Sattel wie bei einem normalen Fahrrad. Meine erste und einzige Fahrt auf einem Dreirad dieser Bauart ging gründlich schief. Ich versuchte mit dem Körper das Gleichgewicht zu halten, so wie ich es von meinem Rennrad gewohnt war. Das muss falsch gewesen sein, denn ständig zog es mich nach links und ich landete ungewollt im Gebüsch oder vor parkenden Autos. Als ich abstieg, war mir klar: Dieses Gefährt passte nicht zu mir!

Mein Aktionsradius war sehr klein geworden. Ich sehnte mich danach, in der Natur und in der Stadt unterwegs zu sein. Ich wollte auf Streifzügen Neues entdecken, wandern und radeln. Mein Drahtesel stand verwaist herum und ein Auto besaß ich schon seit mehreren Jahren nicht mehr. Darauf zu verzichten, fiel mir am Anfang sehr schwer, das muss ich ehrlicherweise zugeben. Ohne die Blechkiste war es schwierig, spontan einen Ausflug zu unternehmen. Das war hart, besonders im Frühling, wenn Fernweh erwachte. Je mehr ich zu Hause herumsaß, desto schwieriger wurde es, in Gang zu kommen. Ich steckte in einem Teufelskreis, der mich immer tiefer hinab zog. Nur wenn von außen Anforderungen an mich gestellt wurden, raffte ich mich auf und verließ die Wohnung.

Es fühlte sich so an, als hätte mir das Leben nicht mehr allzu viel Schönes zu bieten. Doch dann brachte ein Zufall die große Wende.

War es wirklich ein Zufall? Gibt es überhaupt Zufälle? Wie dem auch sein, eines ist sicher: Das Glück klingelt nicht an der Tür. Man muss sich aufmachen, ihm draußen mit offenen Augen zu begegnen. Ich traf es im Herbst des Jahres 2007 auf dem Streetlife-Festival. Dieses fantastische Straßenfest findet jeweils an einem Wochenende im Frühjahr und im Herbst statt. Dann gehören die Ludwig- und Leopoldstraße ausschließlich den Fußgängern. Sie können sich an Infoständen über Mobilität, Stadtgestaltung, Umweltschutz, erneuerbare Energien und noch vieles mehr informieren. Die Bürgerinitiative, in der ich mich zu der Zeit engagierte, organisierte dort eine öffentliche Debatte. Glücklicherweise hatte ich meinen inneren Schweinehund überwunden und war hingegangen.

Nachdem die Debatte zu Ende war, schlenderte ich mit den anderen zusammen an den bunten Ständen, Bühnen und Aktionsflächen vorbei. Dabei fiel mein Blick auf Menschen, die auf einer freien Fläche auf seltsamen Gefährten herumsausten. Das weckte sofort meine Neugierde, das musste ich mir genauer anschauen. Es stellte sich heraus, dass es sich um spezielle Zwei- und Dreiräder für Menschen mit Mobilitätseinschränkungen handelte. Kinder, Jugendliche und jüngere Erwachsene zogen begeistert mit den coolen Rädern ihre Runden. Die sahen so gar nicht nach Gebrechlichkeit und Alter aus – ganz im Gegenteil! Eines hatte es mir besonders angetan: ein Dreirad mit einem komfortablen Sesselsitz mit Lehne und einem hochgezogenen Lenker. Als ich erfuhr, dass das Modell „Easy Rider" hieß, war ich völlig aus dem Häuschen. Da ich die 68er Jahre am Rande miterlebt hatte, fiel mir natürlich unweigerlich der gleichnamige US-Kultfilm ein. Und so kam ich mir wie Peter Fonda auf seiner Harley-Davidson vor, als ich mich auf das Dreirad setzte und nach dem Lenker griff: „Born to be wild!"

Der Easy Rider – mein Lebenselixier

Begeistert kurvte ich mit dem Easy Rider herum – ganz ohne Linksdrall. Ich wollte gar nicht mehr absteigen, wäre am liebsten immerzu weitergefahren. Dieses Gefährt war wie für mich geschaffen, so eines musste ich haben! Vor meinem inneren Auge sah ich mich schon damit in den Sonnenuntergang radeln. Doch wie sollte ich es finanzieren? Ein fabrikneues Modell konnte ich mir nicht leisten. In den folgenden Monaten tauchte ich überall auf, wo man das Dreirad Probe fahren konnte. Irgendwann schlug der Händler nur noch die Hände über dem Kopf zusammen, wenn er mich kommen sah. Wir vereinbarten, dass er sich für mich nach einem gebrauchten Modell umschauen würde. Es klappte tatsächlich. Ein knappes Jahr, nachdem ich mich unsterblich in das Dreirad verliebt hatte, nahm ich meinen ersten Easy Rider in Empfang.

Da stand es nun, das schicke Dreirad. Plötzlich bekam ich es mit der Angst zu tun. Konnte ich damit wirklich alle Herausforderungen und Gefahren auf der Straße meistern? Würde mir das offene Fahrzeug ohne Blechhülle auch genügend Schutz bieten? Diese und noch mehr Bedenken plagten mich. Schließlich überredete mich eine Freundin, wenigstens unser Stadtviertel gemeinsam zu erkunden. Gesagt, getan. Ohne dass was passierte, radelten wir die Straßen entlang. Euphorisch stellte ich fest, dass ich überall gut durchkam, denn das Dreirad war nicht breiter als der Anhänger eines Kinderfahrrads. Die zwei Spiegel am Lenker zeigten, was hinter mir los war. An Ampeln musste ich nicht ab- und wieder aufsteigen, ich blieb einfach bequem auf dem Sessel sitzen und ließ die Füße auf den Pedalen. Ich kam auch nicht aus dem Gleichgewicht, wenn ich beim Abbiegen ein Handzeichen gab. Ohne dass ich es bemerkte, passierten wir die Stadtgrenze und gelangten auf Feldwegen immer weiter hinaus ins Münchner Umland. „Ich kippe ja gar nicht um", rief ich meiner Freundin begeistert zu. Und schon waren wir am Feringasee angelangt.

Bei diesem ersten Ausflug erlebte ich ein unvergessliches Gefühl der Freiheit. Am liebsten hätte ich vor Glück laut gejauchzt – ich war wieder mobil! Die Zeiten, in denen ich mich nur noch zum Supermarkt um die Ecke geschleppt hatte, waren endgültig passé. Jetzt konnte mich nichts mehr daran hindern, überall hinzukommen. Es dauerte nicht lange und ich radelte mit dem Easy Rider auf Radwegen oder auf der Straße quer durch die Stadt – mitten durchs größte Verkehrsgewühl. Meine Lebensgeister erwachten, im Schlepptau eine Erinnerung an meine Kindheit: das Gefühl, immer weiter fahren zu können. Das wollte ich wieder erleben.

Kapitel 4

Mit Dreirad und Dackel durch Deutschland

An einem sonnigen 21. August im Jahr 2009 stand ich mitten im Herzen Münchens vor dem Rathaus auf einer Tribüne. Die vielen Menschen, die sich davor versammelt hatten, machten mich verlegen. „Nun radeln wir doch endlich los, damit wir in die Gänge kommen!", purzelten die Worte aus meinem Mund ins Mikrofon. Ich setzte noch eins drauf: „Übrigens, Outdoorleute sind per du!" „Ich heiße Hep", sagte eine Stimme neben mir. „Ich heiße Gunda", antwortete ich. Damit war das kurze Zwiegespräch zwischen Hep Monatzeder, Münchens damaligem 3. Bürgermeister, und mir, einer 70-jährigen Rentnerin mit einer verrückten Idee, auch schon beendet. Es war bereits nach zwölf Uhr, das Glockenspiel im Rathausturm wieder verstummt und nur noch die übliche Geräuschkulisse auf dem Marienplatz zu hören.

Der Wirbel rund um den Start meiner Tour hatte bereits davor seinen Anfang genommen, mit einer Pressekonferenz im Prunkhof des Neuen Rathauses. Sauser, der mich auf die große Tour begleiten würde, hatte es gut: Er musste den anwesenden Damen und Herren der Presse nicht Rede und Antwort stehen. Allerdings schaute er angesichts der vielen Zweibeiner um ihn herum und des Rummels um sein Frauchen etwas verwirrt aus seinem Fell. Bisher hatte sein Double, der Stoffdackel Willi, die Öffentlichkeitsarbeit für ihn übernommen, nun war er persönlich gefragt. Plötzlich im Rampenlicht zu stehen, war sehr gewöhnungsbedürftig. Und all das nur, weil ich von München nach Rügen radeln wollte. Ich kam mir vor wie der Zauberlehrling in Goethes Drama „Faust". Welche Geister hatte ich da nur gerufen!

Der Tag hatte für mich sehr früh begonnen: Nach einer sehr kurzen, vor Aufregung fast schlaflosen Nacht sprang ich um fünf Uhr morgens aus den Federn. Noch nicht ganz wach, schossen mir bereits tausend Gedanken durch den Kopf: Hatte ich alles eingepackt, was ich für die Reise brauchen würde, waren die Blumen für die nächsten Tage gegossen, der Kühlschrank geleert, die Wasserhähne von Wasch- und Spülmaschine abgedreht, der Wohnungsschlüssel bei der Freundin abgegeben, und, und, und …? Nur noch rasch den Abfall in die Mülltonne und dann konnte es endlich losgehen. Ich schloss die Wohnungstür ab – jetzt gab es kein Zurück mehr. Mein Herz schlug bis zum Hals.

Pünktlich um zehn Uhr sollte ich am Marienplatz eintreffen. Draußen war es bereits sehr heiß. So war ich heilfroh über die reizende Starthilfe meiner Nachbarn. Damit ich nicht völlig verschwitzt und außer Puste dort ankomme, hatten sie einen Kleintransporter gemietet. Darin verfrachteten sie mich zusammen mit dem Easy Rider und Sauser und brachten uns in die Innenstadt. Damit niemand die kleine Schummelei bemerkte, stiegen wir am Nationaltheater aus. Ich zurrte das Gepäck fest und setzte Sauser vorne in seinen Korb. Sicher angeschnallt unter seinem Sonnendach konnte er von dort aus alles überblicken. Etwas von seiner stoischen Gelassenheit hätte ich in diesem Moment gut gebrauchen können.

Kaum im Prunkhof angekommen, ging meine erste professionelle Pressekonferenz auch schon los. Die vielen Interviewwünsche der anwesenden Reporterinnen und Reporter von Zeitungen, Funk und sogar vom Fernsehen überwältigten mich schier. Frage um Frage prasselte auf mich nieder. Kameras klickten und surrten. Ich sollte mich mal da-, mal dorthin stellen, mal mit, mal ohne Sauser posieren. Vor Aufregung konnte ich kaum einen klaren Gedanken fassen. Anfangs noch sehr zögerlich, doch dann immer sicherer sprach ich in ein Mikrofon nach dem anderen. Die Botschaften zu Umwelt, Mobilität und Stressfrei-Leben, die ich mit auf die Reise nehmen würde, kamen wie aus der Pistole geschossen. Schwerer fiel es mir, keinen der Sponsoren zu vergessen, die die Organisation der Tour ermöglichten. Ein Radiosender wollte wissen, wie ich mich auf die körperlichen Herausforderungen der Tour vorbereitet hatte. Ich erinnerte mich, dass es im Hochleistungssport Usus war, vor einem Wettkampf viele Kohlehydrate zu sich zu nehmen, sozusagen als Benzin für die Muskeln. „Ich habe ordentlich Nudeln gegessen, die geben Energie und machen glücklich", erklärte ich schmunzelnd.

Nach zwei Stunden endete der Pressetermin und ich radelte auf den Marienplatz hinaus. Als ich die vielen Menschen entdeckte, die vor der Tribüne auf meine Verabschiedung warteten, kämpfte ich mit den Tränen. Nach ein paar kurzen Ansprachen war es endlich soweit. Theresa, meine „Tourmanagerin", hatte eine schwarz-weiße Startflagge besorgt, wie man sie von Formel-1-Rennen kennt. Laut zählte sie: „Drei, zwei, eins und los!" Die Flagge senkte sich. Hep Monatzeder und ich traten in die Pedale, rund 30 Freundinnen, Freunde und Fans folgten uns. Auf Rollerblades flitzte ein Filmteam mal vor uns, mal hinter uns her. Zwei Polizisten auf Motorrädern und ein Polizeiwagen führten den Fahrradcorso an. An abgesperrten Seitenstraßen vorbei, radelte ich direkt hinter den „Weißen Mäusen" langsam stadtauswärts – ich kam mir vor wie bei einem kleinen Staatsempfang!

Während wir die Leopoldstraße entlangfuhren, plauderte ich angeregt mit Hep Monatzeder über dies und das. Wann ist man schon einmal einem Bürgermeister so nahe und kann ihm von den Tücken des Radfahrens in der Stadt erzählen. Mit guten Wünschen und einem lässigen „Ich muss noch ein bisschen regieren", scherte er irgendwann aus dem Pulk aus. Neugierig, wem das Polizeigeleit wohl galt, blieben Menschen am Straßenrand stehen und schauten uns hinterher. Einige winkten mir fröhlich zu. Die Autofahrer, deren Fahrt durch die Stadt sich durch uns verzögerte, schüttelten missmutig die Köpfe.

Am Mehrgenerationenhaus im Hart wurden wir mit Jubelrufen und Trillerpfeifen in Empfang genommen. Etliche der bis hierher mitgeradelten Fans und das Polizeigeleit verabschiedeten sich hier. Mir zu Ehren war das ganze Haus mit bunten Luftballons und Transparenten geschmückt, auf denen „Gunda unterwegs" und „Gute Fahrt" zu lesen war. Noch ein Interview – hoffentlich das letzte für heute! Zum Abschied bekam ich eine bemalte Fahne aus Seide mit guten Wünschen für die Reise geschenkt. Dann wurde es ernst: Ich nahm die erste Etappe der Tour in Angriff.

Eine verrückte Idee

Wie die Idee zu einer Dreiradtour von München nach Rügen entstand? Um das zu erklären, muss ich einen kleinen Zeitsprung machen, etwa ein halbes Jahr vor den Tourstart. Bei meinen ersten längeren Fahrten mit dem Easy Rider hatte ich sofort gemerkt, wie anstrengend es war, Steigungen hinauf zu radeln – selbst wenn es nur eine kleine Anhöhe war. Das Dreirad brachte deutlich mehr Gewicht auf die Waage als ein normales Fahrrad. Jetzt schaffte ich es noch, mit Ach und Krach, doch was würde in ein paar Jahren sein? Wie sollte ich dann auf dem Weg von der Innenstadt nach Hause den Anstieg am Isarhochufer bewältigen? Bei dem Gedanken, vielleicht schon bald meine neue Bewegungsfreiheit wieder zu verlieren, wurde mir mulmig. Das durfte nicht sein! Also überlegte ich mir, einen Motor einbauen zu lassen.

Auf einer Messe sprach ich einen Fahrradhändler an: „Was würde die Nachrüstung mit einem Elektromotor kosten, können Sie mir ein Angebot machen?" Er wollte Genaueres wissen: „Wo wollen Sie mit dem Dreirad hinfahren?", fragte er mich. „Ach, vielleicht erkunde ich Deutschland ein wenig. Ich könnte nach Greifswald radeln, dort wohnt meine Nichte. Ich bin Rentnerin, Zeit dazu hätte ich", überlegte ich. Daraufhin meinte er: „Greifswald kennt doch keiner. Radeln Sie lieber nach Rügen, das kennen alle!" Lachend stimmte ich ihm zu: „Gut, dann radle ich eben nach Rügen, das liegt sowieso gleich nebenan."

Dieser kurze, launige Wortwechsel ging mir nicht mehr aus dem Sinn. Von München einmal quer durch Deutschland bis nach Rügen zu radeln – diese Vorstellung elektrisierte mich. Allen, die ein offenes Ohr für mich hatten, erzählte ich euphorisch von meiner Idee. Die einen waren begeistert, andere hielten mich schlichtweg für verrückt. Jemand empfahl mir, unter einem bestimmten Motto durchs Land zu fahren. Aber unter welchem Motto? Und wie sollte ich eine so große Tour auf die Beine stellen, wo Unterstützung finden und wie das öffentliche Interesse wecken? Meine Organisationsfertigkeiten aus der Berufszeit waren in den neun Jahren als Rentnerin ziemlich verkümmert. Gute Ratschläge bekam ich von allen Seiten. An Menschen, die mir bei der Umsetzung halfen, haperte es dagegen.

Kurze Zeit später besuchte ich im Verkehrsmuseum München die Veranstaltung „Mobil im Alter". Der freie Platz vor dem Museum war gefüllt mit einer knappen Handvoll Infoständen, unterschiedlichen Spezialfahrrädern mit zwei und drei Rädern und einer Menge Damen und Herren mit grauen und weißen Haarschöpfen. Ich führte Interessierten meinen Easy Rider vor und ermutigte Unentschlossene, die bereitgestellten Räder auszuprobieren. Doch eigentlich war ich hergekommen, um mich nach geeigneten Radwegkarten für die Fahrt durch Deutschland zu erkundigen. Beim Infostand von Green City hoffte ich fündig zu werden, denn ich wusste, dass Mobilität eines der Themen war, um das sie sich kümmerten.

Auf meine Nachfrage hin entwickelte sich ein längeres Gespräch mit einem Mitarbeiter des Umweltverbandes. Wir waren uns auf Anhieb sympathisch. Ich erklärte Andreas Schuster mein Vorhaben, und er war begeistert. Als er dann über das EU-Projekt AENEAS sprach, an dem sie beteiligt waren, hörte wiederum ich gespannt zu. Die Abkürzung stehe im Deutschen für „Energieeffiziente Mobilität in einer älter werdenden Gesellschaft", erklärte er mir. Das klang interessant. Mir kam sofort der Gedanke, dass meine Radtour ein praktisches Beispiel für dieses Thema sein könnte: eine gehbehinderte Seniorin, die mit einem Dreirad nach Rügen radelt – ich konnte zeigen, dass man auch als älterer Mensch mit einer Mobilitätseinschränkung mit dem passenden Gefährt mobil sein konnte. Der Austausch mit Andreas hatte mich ungeheuer angeregt. Als ich wieder nach Hause radelte, sprühte ich geradezu vor Energie. Ich fühlte mich quicklebendig, keinesfalls wie eine siebzigjährige Rentnerin. Wo war die Gunda geblieben, die noch vor kurzem depressiv zu Hause herumgesessen war?

Andreas stellte meine Idee im Leitungsgremium von Green City vor. Da es dabei auch um umweltverträgliche Mobilität ging, beschlossen sie, das Tour-Projekt zu unterstützen. Vor allem übernahmen sie die Organisation. Ich konnte mein Glück kaum fassen – ich würde tatsächlich nach Rügen radeln! Mittlerweile war es Frühsommer geworden. Wenn ich noch dieses Jahr starten wollte, dann hieß es jetzt Vollgas geben. Kurz darauf kam Theresa Kratschmer, eine Fachfrau für Öffentlichkeitsarbeit, an Bord und übernahm die Projektleitung. Sie würde in der Vorbereitungszeit und während der Tour meine Ansprechpartnerin sein. Die Kampagnenlawine kam ins Rollen: Theresa suchte und fand Sponsoren und informierte die Presse.

Mein Dreirad wurde für die Nachrüstung mit einem Elektromotor ins Werk des Herstellers Van Raam nach Holland geschickt. Dort musste vor dem Einbau der Rahmen verstärkt werden, was einige Zeit in Anspruch nahm. Währenddessen stand mir ein Leihdreirad zur Verfügung, ein Easy Rider mit elektrischem Antrieb. Ich sollte damit längere Testfahrten machen, auch in schwierigem Gelände, um mich auf die Herausforderungen der Tour vorzubereiten. Also unternahm ich zusammen mit einer Freundin mehrere kurze Ausflüge. Es war ein herrliches Gefühl, ohne Anstrengung einen Berg hinauf zu fahren. Drohte ihr bei einer Steigung die Puste auszugehen, durfte sie sich am Easy Rider festhalten. Ihr Dreirad besaß zwar stolze 21 Gänge und brachte weniger Gewicht auf die Waage, doch die Tretarbeit am Berg mussten allein ihre Beine leisten.

Die Erkundungsfahrten führten uns über unterschiedliche Wege und Pisten. Auf Asphalt glitten wir ohne Anstrengung dahin. Schotterpisten dagegen stellten eine echte Herausforderung dar. Es war sehr mühsam, dort voranzukommen. Ohne die Unterstützung des Elektromotors wäre ich kläglich gescheitert. Dank des Eigengewichts des Dreirads und der nur 20 Zoll großen Räder musste ich deutlich mehr Kraft beim Treten aufwenden als bei einem normalen Fahrrad. Noch etwas anderes stellte ich fest: Der Easy Rider war ein hochspezialisiertes Schlagloch-Suchgerät. Mit schlafwandlerischer Sicherheit rumpelte er mit einem seiner drei Räder in jedes vorhandene Schlagloch auf dem Weg.

Die längste Testfahrt führte mich nach Glonn – 30 Kilometer hin und 30 Kilometer zurück. Ich wollte wissen, ob 60 Kilometer an einem Tag zu schaffen waren, denn diese Größenordnung konnte eine Tour-Etappe durchaus haben. Die Fahrt auf dem Isar-Inn-Panorama-Radweg entpuppte sich als kleines Abenteuer. Die Beschilderung ließ so manches Mal zu wünschen übrig, trotzt seines klangvollen Namens. Zum Glück funktionierte mein angeborener Orientierungssinn vortrefflich. Er nutzte mir allerdings nichts mehr, als ich mitten im Wald an einer kleinen Anhöhe mit einem sehr feuchten, ziemlich matschigen und äußerst holprigen Weg hängen blieb. Spätestens jetzt dämmerte es mir, dass der Radweg zwar für Mountainbiker geeignet war, aber gewiss nicht für eine ältere Dreiradfahrerin. Diese Stelle hätte vermutlich auch Tourenradfahrern mit Gepäck oder Radlern mit einem Kinderanhänger Probleme bereitet. Ich fragte mich, warum in Radwegkarten wenig oder keine Informationen zur Beschaffenheit einer Strecke zu finden waren – ein absolutes Manko! Da stand ich also. Was tun? Per Handy Hilfe herbeirufen war keine Lösung. Wie sollte ich erklären, wo ich mich befinde: Ich stehe irgendwo im Wald am Baum Nummer ich weiß es nicht genau?

Ich mahnte mich zur Ruhe. Unter großer Kraftanstrengung gelang es mir, das Dreirad mit Sauser im Korb die Steigung hinaufzuschieben. Danach radelte ich ohne weitere Probleme nach Glonn. In dem Hofladen mit kleinem Biergarten, wo ich eine ausgedehnte Pause einlegte, durfte ich den inzwischen leeren Akku aufladen. Das dauerte so etwa zweieinhalb Stunden, ein wichtiger Erfahrungswert. Genauso die Erkenntnis, dass ich mit zugeschaltetem Motor ca. 30 Kilometer weit kommen konnte. Nach einer ausgiebigen Brotzeit machte ich mich auf den Heimweg. Dieses Mal auf der Landstraße, auch wenn der Weg durch den Wald schöner gewesen wäre. Ich muss gestehen, ich hatte Angst davor, die Strecke nochmals zu fahren. Erschöpft, aber zufrieden kam ich zu Hause an. War ich jemals zuvor eine so lange Strecke alleine gefahren? Mir fiel nichts ein. In meiner Jugend hatte ich zwar wochenlange Radtouren unternommen, aber immer zusammen mit anderen.

Check hoch drei

Nicht nur meine Testfahrten, der Umbau des Easy Rider und ein gründlicher technischer Check gehörten zur Vorbereitung der Tour. Sauser und ich ließen uns ebenfalls auf Herz und Nieren überprüfen. Weder Dackel noch Frauchen sollten bei dem Vorhaben Schaden nehmen. Ich wollte gesund, glücklich und randvoll mit schönen Erinnerungen heimkehren, um bis an mein Lebensende darüber zu erzählen. Mein ärztliches Okay bekam ich von Professor Dr. med. Martin Halle, dem Ordinarius für Präventive und Rehabilitative Sportmedizin an der Medizinischen Fakultät der Technischen Universität München. Niemals zuvor wurde ich so gründlich auf Reisetauglichkeit hin gecheckt. Und dann auch noch begleitet von einigem Pressewirbel, als wäre ich eine prominente Sportlerin. „Bitte lächeln Sie, Frau Krauss", forderte mich ein Reporter auf. „Was für ein Scherzkeks", dachte ich mir, denn ich steckte unter einer Atemmaske. Zum Abschluss der Untersuchungen erhielt ich die Empfehlung, jeweils nach drei Tagen Fahrt einen Ruhetag einzulegen. Eine Tagesetappe sollte maximal 30 Kilometer oder in Ausnahmefällen auch einmal 40 Kilometer umfassen. Das klang vernünftig. Nur klappte das in der Praxis nicht immer.

Sauser wurde von seiner Tierärztin gründlich untersucht – Ultraschall, Blutwerte und einiges mehr. Sie gab grünes Licht und mir einen wichtigen Rat: Mein kleiner Reisegefährte sollte in einem Korb sitzen, der sich vorn am Dreirad befände, um stets im Blickkontakt mit mir zu sein. Also wurde der Easy Rider entsprechend umgebaut. Ich besorgte die benötigte Medikamentenmenge für Sauser und mich und bestellte hundertfünfzig kleine Dosen mit Spezialhundefutter. Auf der Hundewiese hagelte es gute Ratschläge, ich begegnete aber auch missbilligendem Stirnrunzeln. Jemand drohte sogar, den Tierschutz wegen Tierquälerei einzuschalten. Doch ich wollte Sauser nicht für eine so lange Zeit weggeben. Er war es gewöhnt, immer mit mir zusammen unterwegs und überall dabei zu sein, egal ob Büro, Veranstaltung oder Hotel.

Für die Pressearbeit brauchte es noch professionelles Fotomaterial. Also posierten Sauser, der Easy Rider und ich einen ganzen Tag lang bei strahlendem Sonnenschein für immer wieder neue Motive. Theresa hatte eifrig die Werbetrommeln gerührt, und die Presse gab sich bei mir die Türklinke in die Hand. Einige Zeitungsredakteure kamen zu mir nach Hause, mit anderen traf ich mich im Grünen. Der Bayerische Rundfunk wollte ein Interview im Hofgarten. Der Journalist nahm mit seinem Mikrofon verschiedene Geräusche auf: das Knirschen der Räder auf dem Kies, das Surren des Elektromotors. Nur Sauser wollte nicht ins Mikrofon bellen. Ein Dackel hat eben seinen eigenen Kopf.

Die Finanzierung des Projekts stand inzwischen. Der Starttermin wurde auf den 21. August festgelegt. Die Zeit bis dahin verging wie im Flug. So vieles war noch zu bedenken und zu erledigen. Im Eilverfahren lernte ich das Netbook zu bedienen, das mich auf die Tour begleiten würde. Inzwischen gab es im Internet die Seite „Gunda unterwegs". Tapfer übte ich, Bilder hochzuladen und Beiträge im Blog zu veröffentlichen. Schließlich sollte ich während der Tour ein Live-Tagebuch schreiben. Zu guter Letzt absolvierte ich einen Crashkurs zur Bedienung des Navigationsgeräts. Nach ein paar Trockenübungen ging es an den Praxistest. Als ich das Navi einschaltete, suchte das GPS die Ortung und zeigte die Umgebungskarte mit dem Routenverlauf. Ich stieg aufs Dreirad und trat in die Pedale. Im Display bewegte sich ein Pfeil entlang der angezeigten Route, einer blauen Linie. „Prima, ist doch gar nicht so schwer", dachte ich zufrieden. Die Linie und der Pfeil zeigten nach links, ich fuhr geradeaus. Hoppla, da war ich wohl übers Ziel hinausgeschossen! Rasch mehrmals um die Ecke gefahren und schon war ich wieder auf dem richtigen Weg. Ich war erleichtert: Mit ein bisschen Übung würde ich mit dem Gerät gut zurechtkommen.

Meine fleißigen Helferlein schraubten bis zur letzten Sekunde am Easy Rider. Sie montierten am Gepäckständer eine abschließbare Kiste aus Aluminium für Kleidung, Hundefutter und dergleichen. Sauser bekam ein schützendes Sonnendach über seinem Korb. Ich erhielt letzte Instruktionen bezüglich Navigationsgerät, Netbook, wie die Fotos zu bearbeiten sind, und, und, und … Theresa sagte: „Ist doch ganz einfach!" Ob ich das auf der Tour auch so sehen würde, ganz auf mich gestellt den Tücken der Technik ausgeliefert? Meine Aufregung stieg von Stunde zu Stunde. Sauser schaute mich an, als wolle er fragen: „Warum rennst du so kopflos herum?" Dann war es endlich soweit: Nach einer sehr kurzen, vor Aufregung schlaflosen Nacht sprang ich um fünf Uhr morgens aus den Federn …

50 Tage Wanderleben

In nackte Fakten gepackt, liest sich meine Tour wie folgt: Ich war vom 21. August bis zum 10. Oktober 2009 „on the road". In diesen 51 Tagen legte ich insgesamt 1261 Kilometer zurück. Die Fahrt führte mich von München aus quer durch Bayern, Thüringen, Sachsen-Anhalt, Brandenburg und Mecklenburg-Vorpommern bis nach Rügen. 34 Tage auf dem Easy Rider wechselten sich ab mit 14 Ruhetagen und einer dreitägigen Pannenpause nach dem Kollaps der Akkus. Die zwei im Easy Rider eingebauten Akkus reichten in der Regel aus, um die eine zwischen 30 und 60 Kilometer lange Tagesetappe zu bewältigen. Eines ist sicher: Ohne die Motorunterstützung wäre ich nicht am Ziel angekommen. Doch je länger ich unterwegs war, desto besser wurde meine Kondition. So konnte ich zum Ende hin immer öfter auf den Elektromotor verzichten.

Schwer bepackt on the road

Ich besuchte 34 Städte und Gemeinden entlang der Route. Theresa hatte mich bei allen vorab angekündigt und fast überall wurde ich bei meiner Ankunft herzlich empfangen. Unterwegs „sammelte" ich regelrecht Bürgermeisterinnen und Bürgermeister. Nie zuvor, und auch danach nicht mehr, traf ich in so kurzer Zeit so viele. Für die Unterkünfte war fast immer gesorgt, nur selten musste ich mir auf eigene Faust ein Quartier suchen. Das Problem, dass ich wegen des Ladegewichts nur Kleidung für etwa acht bis zehn Tage einpacken konnte, löste eine Freundin. Sie reiste mir mehrmals mit frischen Klamotten im Gepäck per Bahn nach. Unterwegs zu waschen wäre für mich unmöglich gewesen, dazu war der Zeitplan zu eng und ich abends zu erledigt. Nicht immer war ich allein unterwegs. Theresa begleitete mich mit ihrem Mountainbike von Coburg bis Jena. Andere, die in den Medien von meiner Tour erfahren hatten, meldeten sich spontan bei mir und radelten ein Stück des Weges mit. Auch manche Gemeinden organisierten eine Begleitung für die nächste Etappe. Vor allem in der Anfangszeit war ich darüber sehr froh.

So viel zu den Fakten. Doch wie war es um meine Befindlichkeit bestellt? Die ersten Tage unterwegs und die ersten Nächte in fremden Betten fühlten sich sehr seltsam an. Es dauerte einige Zeit, bis Sauser und ich uns an das Wanderleben gewöhnt hatten. Im Laufe der Wochen wurde es immer selbstverständlicher, nicht länger als einen und manchmal auch zwei Tage an einem Ort zu verweilen, in immer neuen Pensionen und Hotels zu übernachten und aus der Alukiste zu leben. Irgendwann hatte sich eine gewisse Routine bei unserem Tagesablauf eingestellt: An Ruhetagen gönnte ich es mir, etwas länger zu schlafen. Vor dem Frühstück drehten Sauser und ich die übliche Morgenrunde. Danach erkundeten wir den Ort, entweder auf eigene Faust oder die Gemeinde hatte eine kleine Besichtigungstour vorbereitet.

Stand die Weiterfahrt zum nächsten Etappenziel an, musste ich früher aus den Federn. Nach dem Frühstück bepackte ich den Easy Rider. Irgendwann ließ sich die Alukiste nicht mehr schließen, also schickte ich alle Souvenirs und Infobroschüren, mit denen ich so reich beschenkt wurde, in einem Paket nach Hause. War ich abends zu müde gewesen, holte ich noch rasch den Tagebucheintrag nach. Manchmal stand vor der Weiterfahrt auch noch ein Pressetermin an. Das Abschiednehmen fiel mir jedes Mal schwer, doch die nächste Etappe lockte. Leider ergab sich selten die Gelegenheit, Sehenswürdigkeiten am Weg zu besichtigen. Schließlich wartete nachmittags schon wieder das nächste Empfangskomitee auf mich. Dann hieß es Fragen zu beantworten, Sauser zu versorgen, die leeren Akkus für den nächsten Tag an die Steckdose zu hängen, etwas zu essen, die Route für die nächste Tagesetappe vorzubereiten, die Erlebnisse im Tagebuch festzuhalten und ins Bett zu fallen. Wieder ein Tag zu Ende.

Entschleunigen wollte ich auf der Reise nach Norden. Doch anfangs hielten zu viele Ängste und Besorgnisse meinen Adrenalinspiegel auf einem hohen Level. Ich befand mich schon ziemlich im Norden, als ich das erste Mal vollständig in der Gegenwart weilte – ohne an das zu denken, was ich bisher erlebt hatte oder was noch vor mir lag. In diesen Momenten nahm ich die Umgebung mit allen Sinnen wahr. Einmal hörte ich, wie unterschiedlich die Blätter verschiedener Baumarten rascheln, wenn der Wind durch ihre Äste fährt. Es war beeindruckend. Doch fast bis zuletzt gab es auch kritische Momente, in denen ich aufgeben wollte. Als die Akkus in Fürstenberg an der Havel, der nördlichsten Stadt von Brandenburg, streikten, fehlte nicht mehr viel. Ohne die Unterstützung und die Aufmunterung von Andreas Intress, dem Inhaber eines Fahrradgeschäftes im Ort, hätte ich mich in den Zug gesetzt und wäre nach Hause gefahren. „So kurz vor dem Ziel gibt man nicht auf", tadelte er mich liebevoll. Er brachte den Easy Rider in kürzester Zeit wieder auf Trab, obwohl die Akkus zur Überprüfung ins Werk geschickt werden mussten.

Nach der dreitägigen Zwangspause nahm ich die letzten sechs Etappen unter die Räder. Am 10. Oktober 2009 kam ich auf Rügen an – 51 Tage nach meinem Aufbruch in München. Andreas war angereist, um mich im Namen von Green City willkommen zu heißen. Er stand inmitten des Empfangskomitees der Gemeinde Bergen, das mich auf dem Marktplatz erwartete. Als ich den Easy Rider zum Stehen brachte, Hände schüttelte und Menschen umarmte, realisierte ich es nicht wirklich, dass ich am Ziel angekommen war.

Seitdem sind neun Jahre vergangen. Doch wenn ich an diesen Moment denke, werde ich noch immer von Gefühlen überwältigt.

Zurück in ein neues Leben

Die Ankunft in Bergen bedeutete das Ende eines unvergesslichen Abenteuers. In meinem Herzen nahm ich wundervolle Erinnerungen mit, an die unglaubliche Gastfreundschaft und die Hilfsbereitschaft der Menschen, denen ich unterwegs begegnet war. Im Internet-Reisetagebuch verabschiedete ich mich mit folgenden Worten: „Ich sage euch mit zwei weinenden Augen leise Adieu!" Bevor Sauser und ich uns mit dem Zug auf die Heimreise begaben, erholten wir uns auf Rügen einen Tag lang von den Strapazen der Tour. Der Easy Rider blieb zurück. Festgezurrt auf einer Europalette, reiste das Dreirad im Dezember per Spedition nach München. War das eine Freude, ihn in Empfang zu nehmen, die reinste Familienzusammenführung!

In Hamburg legten wir einen Zwischenstopp ein, damit die Bahnfahrt für Sauser nicht zu anstrengend würde. Ich verbrachte einen anregenden Abend mit Freundinnen und Freunden, während er sich ausruhte. Als wir am nächsten Morgen auf unseren Zug warteten, tauchte plötzlich meine jüngste Cousine am Bahnsteig auf. Sie hatte im Blog die Details meiner Rückfahrt ausfindig gemacht und beschlossen, mich zu überraschen. Das war ihr gelungen! Es gab so viel zu erzählen, dass die Zeit bis zur Abfahrt des Zugs wie im Fluge verging. Während der Zug nach Süden fuhr, glitt die Landschaft in raschem Tempo an mir vorbei. Ich vermisste die Langsamkeit des Unterwegsseins auf drei Rädern. Als der Zug im Hauptbahnhof München einfuhr, war ich trotzdem erleichtert. Irgendwie freute ich mich auch auf mein Zuhause. Ich steckte Sauser in seine Tasche, schulterte meinen Rucksack und betrat heimatlichen Boden.

Am Bahnsteig erwartete uns eine Überraschung. Theresa hatte einen zünftigen Empfang organisiert, mit Blasmusik, einem kleinen Wiesn-Herzerl für Sauser und einem großen für mich. Zusammen mit den Menschen, die zu meinem Empfang gekommen waren, tanzte ich, bis mir schwindelig wurde. Ein Reporter vom Bayerischen Rundfunk stellte

Fragen, die ich versuchte inmitten des Trubels zu beantworten. Es freute mich zu sehen, wie Reisende lächelnd das muntere Treiben beobachteten, anstatt mit miesepetrigen Gesichtern zu ihren Zügen zu eilen. Theresa brachte mich samt Gepäck und Dackel nach Hause. Als Sauser und ich am 13. Oktober unsere Wohnung betraten – meine Mutter wurde an diesem Tag 96 Jahre alt –, war uns alles fremd geworden.

Nach 51 Tagen Vagabundendasein fiel mir die Umstellung auf den normalen Alltag als Rentnerin mit Dackel ebenso schwer wie vorher die Gewöhnung an das Wanderleben. Beim Aufwachen schossen mir noch längere Zeit die Fragen durch den Kopf, mit deren Hilfe ich mich in den ständig wechselnden Unterkünften orientiert hatte: „Wo bin ich? Wo ist der Lichtschalter im Zimmer? Wohin geht die Fahrt heute?" Die Wäsche war schnell gewaschen und wieder im Schrank verstaut. Wesentlich länger brauchte es, die vielen Infobroschüren, Prospekte und mehr zu sortieren. Sausers Bedürfnisse halfen mir dabei, den gewohnten Rhythmus wiederzufinden. Natürlich ließen wir uns, kaum zu Hause angekommen, gleich auf der Hundewiese blicken. Mein Sauserle – ich musste über ihn lachen! Er dackelte lebhaft mit erhobenem Kopf und stolz gereckter Rute an den anderen Hunden vorbei, als wolle er sagen: „Ich bin wieder da, seht her, wie gut es mir geht!" Auch ich fühlte mich topfit. Waren wir beide aus einem Jungbrunnen aufgetaucht? So kam es mir zumindest vor.

Die über 1200 Kilometer lange Fahrt hatte mich nicht nur von München nach Rügen gebracht, sie veränderte auch meine Einstellung gegenüber dem Leben. Mit jedem zurückgelegten Kilometer und jeder gemeisterten Herausforderung war mein Selbstvertrauen gewachsen. Die Last der Vergangenheit, die mich so lange beschwert hatte, war einer gewissen Leichtigkeit gewichen. Sie ließ mich die Welt mit den neugierigen Augen eines Kindes betrachten, das Neues entdecken und alles lernen wollte. Andreas brachte es bei meiner Ankunft in Bergen auf den Punkt: „Eine motivierte Gunda ist losgefahren, aber eine vor Energie sprühende Gunda ist in Rügen angekommen."

Für meine überbordende Energie fand sich schon bald ein neues Betätigungsfeld. Zurück in München trudelten rasch die ersten Anfragen ein, Vorträge zu halten. Also erstellte ich mit professioneller Hilfe eine Präsentation mit Fotos und einem Ausschnitt eines Videos, das über meine Tour gedreht wurde. Damit bin ich noch heute regelmäßig als Referentin unterwegs, vor allem bei „Radeln in allen Lebenslagen". Im Rahmen dieser Vortragsreihe von Green City, die von der Stadt München unterstützt wird, finden pro Jahr fünf Veranstaltungen in Alten-Service-Zentren statt. Sie sollen ältere Menschen dazu ermutigen, (wieder) aufs Rad zu steigen. Oft werde ich bei Vorträgen gefragt, warum ich denn ein Dreirad fahre. Zähle ich dann die Vorteile meines Easy Riders auf, kann ich richtig ins Schwärmen geraten! Auf dem Dreirad fühle ich mich im Straßenverkehr hundertprozentig sicher. Zudem komme ich damit überall hin, und das bei fast jedem Wetter. Nur wenn es aus allen Kübeln schüttet oder im Winter die Wege vereist sind, bleibt es in der Garage. Für alles andere habe ich wetterfeste Kleidung. Der Easy Rider ist sogar als Therapie-Dreirad anerkannt, mit einer Hilfsmittelnummer, deshalb bezuschussen Krankenkassen bei einer entsprechenden Diagnose die Anschaffung. Für mich ist das Fahren mit dem Easy Rider auch wirksamer als jedes Antidepressivum. Überkommt mich Schwermut, steige ich in die Pedale. Dann pustet der Fahrtwind meine Niedergeschlagenheit weg.

Ich bin fest davon überzeugt, ich werde auch noch mit neunzig auf meinem Dreirad unterwegs sein. Vielleicht langsamer, aber auf jeden Fall mit einem sicheren Gefühl. Viele unter den Älteren sehen das anders: „Das ist doch nur was für ganz Alte oder Behinderte, ich kann noch auf einem normalen Fahrrad fahren", bekomme ich oft zu hören. Das mag für einige stimmen. Doch vielleicht möchte man auch nicht als alt abgestempelt werden, und steigt deshalb nicht auf ein Dreirad um – selbst wenn das Auf- und Absteigen auf dem Fahrrad längst zu einer wackeligen Angelegenheit geworden ist. Für diejenigen, die sich mit dem Gedanken tragen, ein Dreirad anzuschaffen, zwei wichtige

Tipps: Lassen Sie sich ausführlich beraten und nehmen Sie sich Zeit, verschiedene Modelle Probe zu fahren. Ich persönlich würde es nicht über das Internet bestellen. Denn nur wenn man darauf gesessen hat, weiß man, ob das Gefährt zu einem passt. Der Easy Rider ist zugegebenermaßen der „Mercedes" unter den Dreirädern, entsprechend ist auch der Preis. Aber es gibt genügend gute Modelle verschiedener Hersteller in günstigeren Preiskategorien.

Während ich nach der Tour von Vortrag zu Vortrag eilte, an Podiumsdiskussionen teilnahm und Interviews gab, vergingen zwei Jahre. Immer öfter juckte es mich in den Beinen, mit dem Easy Rider wieder auf Tour zu gehen. „Gunda, du hast dir einen Virus eingefangen", stellte ich schmunzelnd fest. Die Idee für eine neue Fahrt entstand – wo sollte es auch anders sein – auf dem Streetlife-Festival. Dort lernte ich Conny kennen. Sie war einiges jünger als ich, hatte feuerrotes Haar und saß in einem bunt dekorierten Rollstuhl. Damit wollte sie den Jakobsweg entlang pilgern. Ich riet ihr davon ab, ich hielt es für sehr schwierig, was die Barrierefreiheit anging. Stattdessen schlug ich ihr vor, gemeinsam dem Jakobsweg durch Bayern zu folgen.

Je öfter wir darüber sprachen, desto mehr Gestalt nahm die Idee an. „Bafahria" sollte das Projekt heißen. Doch nicht wir würden die Route der vierwöchigen Tour durch Bayern festlegen. Die Community in den sozialen Netzwerken sollte bestimmen, wohin uns die Reise führte. Dazu konnten uns Projekte oder Einzelpersonen über einen Blog oder auf Facebook eine Einladung schicken, sie zu besuchen. Unterwegs würde sich zeigen, ob wir mit einem Rollstuhl und einem Dreirad barrierefrei von A nach B gelangen konnten. Nun galt es Unterstützung für die Organisation der Tour zu finden. Doch das erwies sich als außerordentlich schwierig.

Noch aus einem anderen Grund stand das Projekt plötzlich auf Messers Schneide: Nach einer kleinen Probefahrt zum Buchheim-Museum am Starnberger See wurde uns klar, dass eine lange Tour mit dem Rollstuhl nicht machbar war. Noch während wir überlegten, wie es weitergehen sollte, geschah etwas Unglaubliches: Die Robert-Bosch-Stiftung wurde auf uns aufmerksam. Mit einem neuen Konzept (einer Fahrt von den Alpen bis an die Nordsee) und dem neuen Namen „Route 76" (nach der legendären Route 66 und meinem damaligen Alter) kam das Vorhaben in die Auswahl der Bewerbungen für den Deutschen Alterspreis 2014. Ich konnte es gar nicht glauben: Das Projekt, das auf einer Idee basierte, die Conny und ich drei Jahre zuvor ausgeheckt hatten, wurde mit dem zweiten Platz gewürdigt! Leider fand die Tour aus verschiedenen Gründen nicht statt – das bedauere ich bis heute. Es sollte wohl so sein, dass ich nur einmal mit dem Easy Rider auf große Fahrt gehe.

Kapitel 5

In kleinen Schritten die Welt verändern

Als junge Frau interessierte ich mich nicht für Politik. Auch in meinem Elternhaus wurde nur selten über politische Ereignisse gesprochen. Manchmal verfolgte ich eine Diskussion des Bundestags im Fernsehen. Vor allem die Reden von Wehner, Brandt oder Strauß fand ich fesselnd, da war richtig Pfeffer dahinter! In meiner Erinnerung sind sie auf jeden Fall interessanter als das inhaltsleere Palaver, das heutzutage im Bundestag häufig zu hören ist. Aber es war selbstverständlich, wählen zu gehen. Als ich mit 21 das erste Mal mein Kreuzchen auf dem Wahlzettel gemacht hatte, fühlte ich mich sehr erwachsen. Endlich war ich volljährig und durfte eigene Entscheidungen treffen. Da ich jedoch keine Ahnung von Politik hatte, entschied ich mich einfach für die Partei, der auch meine Eltern ihre Stimme gaben.

Ich blieb lange ein unbeschriebenes Blatt, was die Politik anging. Erst Anfang der 1980er Jahre, als die Grünen das erste Mal die Fünf-Prozent-Hürde schafften und in den Bundestag einzogen, erwachte in mir ein ernsthaftes Interesse. War es, weil diese junge Partei sich so ganz anders als die etablierten präsentierte, wenn sie mit bunten Blumentöpfen und strickend im Bundestag saßen? Ein nur zur Hälfte scherzhaft gemeinter Ausspruch meines Chefs am Abend vor der Wahl gab den letzten Anstoß: „Dass ihr mir auch ja die Richtigen wählt! Wer sein Kreuzchen bei den Grünen macht, der fliegt!" Das schrie geradezu nach Widerspruch und erweckte meine bis dahin schlummernde Revoluzzerseele!

Doch es sollte noch einige Zeit vergehen, bis ich tatsächlich aktiv wurde. Es muss im Jahr 1992 gewesen sein, ich war damals 53 Jahre alt. Ein Zeitungsartikel von Hildegard Hamm-Brücher brachte den Stein ins Rollen. Zu der Zeit war in den Medien häufig von Politikverdrossenheit und der Krise der Demokratie zu lesen. Es scheint, als würden sich manche Dinge nicht so schnell ändern, denn es ist noch immer Thema, und in weit größerem Ausmaß als damals. Die FDP-Politikerin rief in ihrem Artikel dazu auf, sich gemeinsam für die Stärkung der Bürger- und Zivilgesellschaft einzusetzen. Dazu suchte sie Mitstreiterinnen und Mitstreiter. Was ich las, elektrisierte mich. Sie drückte aus, was mir schon länger durch den Kopf ging: Als Bürgerin durfte ich wählen, doch sobald ich meine Stimme abgegeben hatte, verschwand sie in der Versenkung und wurde bei Entscheidungen im Parlament nicht gehört.

Begeistert rief ich im Münchner FDP-Büro an und fragte nach ihrer Anschrift. Ohne großes Hin und Her rückten sie die Adresse heraus. Ob das heute noch so wäre? Wahrscheinlich verhindert das die neue Datenschutzverordnung. Außerdem googelt man heutzutage im Internet die Mailadresse. Ich nahm damals mein bestes Papier mit Familienwappen und verfasste einen handgeschriebenen Brief. Darin fragte ich sie, wie ich mich politisch einbringen könnte: „Sagen Sie mir, was ich machen soll. Sie sind die Fachfrau, ich laufe los", schrieb ich. Einige Zeit drauf lag ihre Einladung zu einem Treffen politisch Interessierter in meinem Briefkasten. Es kamen nicht nur FDP-Mitglieder, viele der Anwesenden hatten sich wie ich von ihrem Zeitungsartikel angesprochen gefühlt.

Wir stellten uns alle vor, danach ergriff unsere Gastgeberin das Wort. Leidenschaftlich plädierte Hildegard Hamm-Brücher für eine demokratische Zivilgesellschaft mit engagierten Bürgerinnen und Bürgern. Nur so wäre die Krise der Parteiendemokratie zu überwinden, argumentierte sie. Sie verwies auf Artikel 20 im Grundgesetz, der besagt: „Alle Staatsgewalt geht vom Volke aus", und auf Artikel 38, der festlegt: „Sie (die Abgeordneten) sind Vertreter des ganzen Volkes, an Aufträge und Weisungen nicht gebunden und nur ihrem Gewissen unterworfen." Ihre Gegenüberstellung des Verfassungstextes mit der realen Situation war niederschmetternd. Wir beschlossen etwas zu unternehmen. Als ersten Schritt starteten wir eine Petition gegen Parteienfinanzierung und gegen Fraktionszwang. Eifrig sammelten wir im ganzen Bundesgebiet Unterschriften und reichten die Petition ein halbes Jahr später ein. Ich verfolgte im Fernsehen, wie Hildegard Hamm-Brücher der damaligen Bundestagspräsidentin Rita Süssmuth die große Kiste mit den Unterschriften überreichte. Ganz ehrlich, ich wäre beinahe geplatzt vor Stolz, schließlich hatte ich dazu beigetragen, die Kiste zu füllen.

Wie das so ist in einer Demokratie – Veränderungen geschehen meist nicht von heute auf morgen mit einem großen Knall. Manche aus unserer Gruppe waren enttäuscht, als sich nicht umgehend alles zum Besseren wandte. Zu den Ersten, die absprangen, gehörten einige der Männer. Haben Frauen vielleicht mehr Durchhaltevermögen? Ich war überzeugt, dass jede noch so kleine Veränderung, und sei sie nur so groß wie der Kopf einer Stecknadel, etwas bewirken könne. Ich blieb.

Für eine lebendige Demokratie

Es folgte eine spannende Zeit, bis zum Rand angefüllt mit neuen Erfahrungen. Ich wusste es damals noch nicht, aber sie sollten meiner persönlichen Entwicklung einen ziemlichen Schub versetzen. Es blieb nicht bei der Petition. Zusammen mit Dieter Hildebrandt, Maria von Welser, Giovanni di Lorenzo, Hans-Jochen Vogel, Ernst-Maria Lang, Amelie Fried und weiteren bekannten Köpfen aus Kultur, Politik, Wissenschaft und Medien initiierte Hildegard Hamm-Brücher die „Bürgeraktion Verfassung '93". Parallel dazu hob sie mit den verbliebenen Aktiven aus unserer Gruppe den Verein „Verfassung '93. Wir mischen uns ein!" aus der Taufe. Wir hatten uns auf die Fahnen geschrieben, zum Erhalt einer lebendigen Demokratie beizutragen. Mit einer Flasche Rotwein unter dem Arm besuchte unser „Häuptling" Hildegard Hamm-Brücher den Karikaturisten Dieter Hanitzsch. Sie bat ihn, ein

Logo zu entwerfen. Er tat es: Es war ein dickes „V", das zwischen dem Ausruf „Wir mischen uns ein!" und der Zahl „93" stand. Oben auf dem Buchstaben thronte eine Hand mit dem Victory-Zeichen.

Die Bürgeraktion, wie wir die Initiative und den Verein kurzerhand nannten, trat regelmäßig mit Informationsständen und Veranstaltungen an die Öffentlichkeit. Dort diskutierten wir uns die Köpfe heiß, über Themen wie die Belebung der Demokratie, die Beteiligung von Bürgerinnen und Bürgern in politischen Entscheidungsprozessen oder die Stärkung der Zivilgesellschaft. Die Prominenten in unseren Reihen halfen dabei, die Aufmerksamkeit der Medien für unser Anliegen zu wecken. Dafür sorgte auch der feuerrote Bürgerbus der Abendzeitung, mit dem wir uns einmal auf den Marienplatz stellten. Er diente als Anlaufstelle, wo Menschen ihre Sorgen und Anliegen anbringen konnten. Schade, dass es so etwas heute nicht mehr gibt.

Das Superwahljahr 1994 öffnete mir, was die Politik anging, ziemlich die Augen. Damals nahmen wir zum ersten Mal die Wahlversprechen der gewählten Volksvertreterinnen und -vertreter unter die Lupe. Dazu wurden Kandidatinnen und Kandidaten aus München und umliegenden Wahlkreisen vor der Wahl zu bestimmten Themen befragt. Zuerst schriftlich und dann auf einer gut besuchten Podiumsdiskussion. Am Ende der Veranstaltung versprach die Bürgeraktion, die Abgeordneten auch während der Legislaturperiode im Auge zu behalten. Die Abgeordneten wiederum versprachen, auch weiterhin über ihre Tätigkeit zu berichten. Überhaupt zeigten sich alle Parteien vor den Wahlen sehr bürgernah und auskunftsfreudig – mehr oder weniger. Am meisten zierte sich die CSU, von ihr erhielten wir die wenigsten schriftlichen Antworten auf unsere Fragen.

Nach der Wahl bot sich ein völlig anderes Bild: Kaum war ihr Sitz im Parlament gesichert, gingen fast alle Abgeordneten in seltener Übereinstimmung auf Tauchstation. Die öffentliche Bestandsaufnahme nach 100 Tagen, was sie von ihren Versprechungen bisher eingelöst hatten, fiel ins Wasser. Nur einer der Eingeladenen war zum Gespräch bereit.

Er berichtete weiterhin regelmäßig über seine Arbeit, leider interessierte sich kaum jemand dafür. Es ist mühsam, unseren Volksvertreterinnen und -vertretern auf die Finger zu schauen, das weiß ich aus eigener Erfahrung. Doch nur am Stammtisch über Politik zu schimpfen, verändert nichts. Ich finde es wichtig, vorhandene Einflussmöglichkeiten wie zum Beispiel Bürgersprechstunden zu nutzen. Schließlich sind es unsere Stimmen, die durch Wahlen die Arbeit der Abgeordneten legitimieren.

Auch wenn die Podiumsdiskussion ausgefallen war, wollten wir die Abgeordneten nicht gänzlich ungeschoren davonkommen lassen. Es war eine Menge Arbeit, aber das Ergebnis konnte sich sehen lassen. In unserer umfassenden Dokumentation stellten wir nicht nur die Abgeordneten und ihre persönlichen Ziele vor, sondern auch, wie man sie erreichen konnte. Das sollte es dem Wahlvolk erleichtern, Forderungen direkt an die Abgeordneten richten zu können. Außerdem enthielt sie Anregungen, wie sich bestehende Demokratiedefizite abbauen ließen. Beispielsweise eine direkte Bürgerbeteiligung mit Hilfe von Volksinitiativen und Abstimmungen zu ermöglichen. Ein anderer Vorschlag forderte, nach Artikel 146 die Zustimmung des Volks zum Grundgesetz nachzuholen.

Aus zwei Gründen – einem persönlichen und einem politischen – sticht für mich das Jahr 1999 aus der aktiven Zeit der Bürgeraktion ganz besonders hervor. Ich ging damals in Rente und das Grundgesetz feierte sein 50-jähriges Jubiläum. Bis heute begeistern mich die in diesem Regelwerk festgehaltenen demokratischen Grundsätze und Werte. Ich finde, wir können stolz drauf sein, dass es in der ganzen Welt als Vorbild gilt, an dem sich viele Länder orientierten! Natürlich durften wir die Würdigung des Jubiläums nicht allein den „Etablierten" überlassen. Also rief Hildegard Hamm-Brücher bundesweit alle gesellschaftlichen Kräfte dazu auf, Veranstaltungen rund um das Jubiläum auf die Beine zu stellen. Zusammen mit einer Mitstreiterin koordinierte und organisierte ich die Aktivitäten in München. Nebenbei versuchte ich, in meinem neuen Leben als Rentnerin Fuß zu fassen.

Eine unserer Aktionen fand nicht nur in München Beachtung in den Medien. Es ging um die Tatsache, dass Bayern im Jahr 1949 – dank der CSU-Mehrheit im Landtag – als einziges Bundesland dem Grundgesetz nicht zugestimmt hatte. Das sollte im Jubiläumsjahr nicht unkommentiert bleiben. Die Bürgeraktion verfasste eine Petition, in der sie den Bayerischen Landtag dazu aufforderte, die Zustimmung nachzuholen. Zugleich wurde die Bayerische Staatsregierung dazu aufgefordert, über den Bundesrat eine bundesweite Volksabstimmung über das Grundgesetz zu befürworten. Natürlich konnte ich es mir nicht verkneifen, bei der Tagung des Petitionsausschusses des Bayerischen Landtags dabei zu sein, in der unser Anliegen zur Sprache kam. Wie zu erwarten war, blieb Bayerns offizielle Zustimmung aus. Aber bis hoch oben in den Norden Deutschlands berichteten Zeitungen, dass im Land der Bajuwaren die Uhren noch immer anders gehen als im restlichen Deutschland!

Die Fahrt nach Berlin war für mich der krönende Abschluss der ganzen Feierlichkeiten. Den Auftakt machte eine große Veranstaltung in der alten Kongresshalle, der „Schwangeren Auster" (wer das Gebäude kennt, weiß, warum es liebevoll so genannt wird). Im ganzen Saal verteilt standen große Würfel. Darauf klebten Thesen zu verschiedenen Aspekten des Grundgesetzes. Zuvor auf Veranstaltungen im ganzen Land diskutiert und niedergeschrieben, wurden sie nun in mehreren fantastischen Reden ausführlich beleuchtet. Danach zogen wir zu fetzigen Sambaklängen am Tiergarten vorbei zum Reichstag. Auch Bundespräsident Roman Herzog war mit von der Partie. Unterwegs wurde unser fröhlicher Umzug immer länger: Von der mitreißenden Musik angelockt, schauten viele nicht nur neugierig zu, sondern schlossen sich uns an. Auf den Treppen des Reichstags wartete schon Bundestagspräsident Wolfgang Thierse und nahm die Thesen entgegen.

Der aufregende Tag endete mit einer riesigen Geburtstagsparty an der Spree. Es war ein lauer Sommerabend, in den Bäumen gaben Vögel ihr Abendlied zum Besten. Die Stimmung war unbeschreiblich.

Obwohl ich kaum jemand kannte, fühlte ich eine tiefe Verbundenheit mit allen Anwesenden. Wir teilten die Überzeugung, es lohne sich, für das Grundgesetz einzutreten. Uns einte der Wunsch, es möge noch lange die Grundlage für eine lebendige Demokratie in unserem Land sein. Irgendwann tauchte ein festlich illuminiertes Schiff mit einer großen Geburtstagstorte am Ufer auf. Unermüdlich schnitt Hildegard Hamm-Brücher Tortenstücke ab und verteilte sie. Ich war glückselig. Ich wusste, dieser Abend würde für immer ein Höhepunkt meines Lebens bleiben!

Zurück in München, lud unsere „Chefin" alle zum Essen ein, die bei der Organisation der Jubiläumsaktivitäten mitgeholfen hatten. Damit wollte sie sich für unseren unermüdlichen Einsatz in den vorhergehenden Monaten erkenntlich zeigen. Typisch für Hildegard Hamm-Brücher war, dass sie sich zusätzlich für alle ein sehr persönliches Präsent ausgedacht hatte. Ich bekam von ihr einen „Snowball" geschenkt. So heißt die Kugel aus dickem, geschliffenem Glas, in der man ein Teelicht entzünden kann. Sie überreichte mir das Geschenk mit den Worten: „Gunda Krauss, stellen Sie Ihr Licht nicht unter den Scheffel!"

Politische Lehrjahre

Dieser Satz kam nicht von ungefähr. Als ich einige Jahre davor bei unserem ersten Treffen auftauchte, war ich ein ängstliches „Mäuschen". Es war mir nicht auf den ersten Blick anzusehen, aber ich besaß wenig Selbstvertrauen und verfügte über kein gefestigtes Selbstbewusstsein. Einen öffentlichen Vortrag zu halten, eine Veranstaltung zu moderieren oder gar ein Interview zu geben – so etwas zu tun, konnte ich mir damals in meinen kühnsten Träumen nicht vorstellen. Zu gut hatte ich noch immer die Worte meiner Mutter im Ohr: „Du kannst das nicht!"

Hildegard Hamm-Brücher besaß eine wundervolle Gabe: Sie konnte Menschen unglaublich motivieren. Das Vertrauen, das sie in mich setzte, wirkte wie ein Regenguss in der Wüste. Ich blühte auf. Viele meiner Fähigkeiten, die bis dahin brachgelegen hatten, entfalteten sich unter ihrem beständigen Zuspruch. Schritt für Schritt fasste ich mehr Selbstvertrauen. Einfühlsam, wie sie war, merkte meine Mentorin sofort, wenn mir etwas schwerfiel. Packte ich es trotzdem an, sparte sie danach nicht mit anerkennenden Worten. Ich musste fast 60 Jahre alt werden, bis ich endlich die Ermutigung erfuhr, die mir als Kind so sehr gefehlt hatte! Wir sprachen nie darüber, aber ohne ihren positiven Einfluss hätte ich nicht zu der Gunda Krauss werden können, die ich heute bin. Dafür bin ich ihr zutiefst dankbar.

Hildegard Hamm-Brücher – mein Vorbild und meine Mutmacherin

Mein Engagement unter der Ägide von Hildegard Hamm-Brücher eröffnete mir neue Horizonte. Doch nicht nur das: Es setzte auch den negativen Erfahrungen der letzten Berufsjahre etwas entgegen. Hatte ich dort nur noch zum alten Eisen gehört, stand ich bei den Aktivitäten der Bürgeraktion oft an vorderster Front. Die Anerkennung, die ich dafür erhielt, motivierte mich ungemein. Ohne groß darüber nachzudenken, übernahm ich im Laufe der Jahre immer mehr Aufgaben und Verantwortung. Auch der Vereinsvorsitz gehörte dazu. So wurde ich im Laufe der Zeit die „Mutter der Kompanie".

Vieles war neu für mich und häufig schlotterten mir die Knie, wenn ich etwas zum ersten Mal in Angriff nahm. So erlebte ich es auch bei meinem ersten Fernsehinterview. Das Bayerische Fernsehen hatte sich bei mir als Vereinsvorsitzender gemeldet, sie wollten über die Arbeit der Bürgeraktion berichten. Ich lud sie zu unserem nächsten Infostand in der Rosenstraße ein. Es war ein ziemlich kalter Januartag und trotz warmer Kleidung hatte ich eine dicke Gänsehaut. Irgendwann tauchte das Fernsehteam auf. Der Reporter begrüßte mich und tat kund, er brauche jetzt „Action". Ich solle doch einfach etwas zum Grundgesetz sagen. Er baute sich vor mir auf und hielt mir das Mikrofon vors Gesicht. Vorne hatte es als Windschutz einen riesigen Puschel übergestülpt. Verstummt stand ich da – schockgefroren! In meiner Tasche steckte zwar eine Ausgabe des Grundgesetzes, aber ob ich die Bedeutung der Artikel aus dem Gedächtnis zusammenbekommen würde? Stotternd begann ich mein Sprüchlein aufzusagen. Bis ich merkte, dass ich vor lauter Aufregung buchstäblich im Wald zu landen drohte. Als wolle ich eine Tafel sauberwischen, wedelte ich wild mit der Hand hin und her: „Das war nix, das wischen wir wieder weg", murmelte ich entschuldigend. Das Fernsehteam bog sich vor Lachen und der Reporter scherzte: „Das senden wir!" Der zweite Versuch klappte besser.

Später interviewten sie Ernst Maria Lang und Hildegard Hamm-Brücher, die inzwischen am Stand eingetroffen war. Spitzbübisch grinsend, weil sie wieder einmal ihre Bodyguards – vier ansehnliche junge Männer – in der Menschenmenge am Marienplatz verloren hatte. Normalerweise bewegte sie sich ohne Personenschutz durch die Stadt und nutzte unbesorgt die öffentlichen Verkehrsmittel. Das ging jetzt nicht mehr. Als Kandidatin für das Amt der Bundespräsidentin wurde sie bei öffentlichen Auftritten bewacht, obwohl ihr das nicht besonders gefiel. Als ich mir später meinen ersten Auftritt im Fernsehen mit kritischem Blick anschaute, war ich erleichtert: Es war nicht ganz so schlimm wie befürchtet.

Auch bei Veranstaltungen kam ich mehr und mehr zum Einsatz. Hildegard Hamm-Brücher übernahm meistens die Rolle als Zugpferd, manchmal zusammen mit weiteren Promis. Nach der Begrüßung und einer kurzen Ansprache drückte sie mir dann mit den Worten: „Gunda Krauss wird jetzt etwas dazu sagen", das Mikrofon in die Hand. Eine Rede zu halten, das versetzte mich lange in Angst und Schrecken. Ich bereitete mich wochenlang darauf vor. Ich brachte zu Papier, was ich sagen wollte, und schrieb es immer wieder um. Ich lernte den Text auswendig und versuchte die Ansprache vor dem Spiegel oder vor einer Reihe leerer Stühle zu halten. Ich markierte noch auf dem Weg zur Veranstaltung wichtige Passagen, formulierte in letzter Sekunde alles um und stellte am Ende fest: „Jetzt ist das Chaos auf dem Papier und in meinem Kopf perfekt!" Gelang es mir, etwas spontan und unverkrampft zu sagen, kam das viel besser an. Das fand meine Lehrmeisterin auch: „Reden Sie einfach frei von der Leber weg", schlug sie mir vor, „das ist viel einfacher!" Doch ich brauchte lange, bis ich die Kunst der freien Rede beherrschte. Wenn ich es mir genau überlege, platzte der Knoten im Kopf erst nach der Radtour.

Am besten konnte ich organisieren und für unsere Veranstaltungen bekannte Köpfe gewinnen. Ich überzeugte fast alle, die wir ins Auge fassten, unsere Einladung anzunehmen. Manchmal ergab es sich spontan, wie bei einer Vortragsveranstaltung der Theodor-Heuss-Stiftung in Stuttgart mit Michel Friedman. Er sprach über Freiheit und Demokratie. Seine Rede beeindruckte mich enorm. Also schmuggelte ich mich am Ende der Veranstaltung an seinen Personenschützern vorbei und sprach ihn an: „Herr Friedman, darf ich Sie als Teilnehmer einer Podiumsdiskussion nach München einladen?" Er sagte zu. Es wurde ein unvergesslicher Abend: Michel Friedman, Sabine Leutheusser-Schnarrenberger und Cem Özdemir diskutierten lebhaft über Fraktionszwang, Regelwerke und wie die Demokratie mit Leben erfüllt werden konnte.

Wir lernen fürs Leben

Anfang des neuen Jahrtausends wurde es ruhiger um die Bürgeraktion und den Verein. Auf Vorschlag von Hildegard Hamm-Brücher luden wir alle Münchner Gruppen, die im Jubiläumsjahr aktiv geworden waren, zu einem „Round Table" ein. Dabei wollten wir die Möglichkeiten einer weiteren Zusammenarbeit und Vernetzung ausloten. Das Gegenteil war der Fall: Beim Treffen der ungefähr 30 verschiedenen Initiativen und Organisationen stand mehr das Trennende als das Verbindende im Vordergrund. Nicht nur unterschiedliche Meinungen, auch persönliche Befindlichkeiten verhinderten eine engere Zusammenarbeit. Es blieb nur eine Handvoll engagierter Einzelpersonen übrig. Zusammen initiierten wir das „Bündnis zur Erneuerung der Demokratie" (BED), das ungefähr fünf Jahre lang Bestand hatte. Besonders gern erinnere ich mich an die beiden folgenden Aktionen aus dieser Zeit.

Die eine datiert auf den Herbst 2001. Zusammen mit Jugendlichen und Erwachsenen entwickelten und diskutierten wir 21 Thesen zur Bildungspolitik. Bei der Veranstaltung in der Schauburg ging es zum Abschluss hoch her: Wir verliehen Hildegard Hamm-Brücher – sie hatte einige Monate zuvor ihren achtzigsten Geburtstag gefeiert – einen Doktorhut aus Blumen. Ein paar Tage später pilgerte ein Demonstrationszug, in dem die Thesen feierlich mitgetragen wurden, zum Kultusministerium in der Salvatorstraße. Mit einem Gummihammer nagelten zwei Schüler das Schriftstück symbolisch an die Eingangstür. Danach nahm die Pressesprecherin die Thesen entgegen, noch etwas blass um die Nase. Sie hatte befürchtet, der Hammer sei echt.

„Starke Schule – Starke Bürger – Starke Demokratie", diese Überschrift gaben wir damals den Thesen, die auch nach 17 Jahren nichts von ihrer Brisanz verloren haben. Das stellte ich erstaunt fest, als ich sie mir kürzlich zu Gemüte führte: Schulen müssten zu „Lernwerkstätten" werden, statt reine „Belehrungsanstalten" zu sein. Im Unterricht sollte autonomes Lernen an die Stelle von „Wissenseintrichterung" treten. Bildung dürfte sich nicht nur am IQ orientieren, auch soziale, emotionale, visuelle und motorische Intelligenz müssten gefördert werden. Methoden zur Konfliktschlichtung, die Erziehung zur Toleranz, eine neue Lern- und Fehlerkultur wurden in den Thesen genauso gefordert wie eine Entrümpelung der Lehrpläne, kleinere Klassen und flexiblere Unterrichtsformen. Einiges davon mag inzwischen zum Alltag an Schulen gehören. Doch wenn ich an die Klagen von Eltern aus meinem Bekanntenkreis denke, oder an das, was ich bei meinen Schulbesuchen zu hören bekomme, habe ich da so meine Zweifel. Manchmal kommt es mir so vor, als hätte sich vieles eher zum Schlechteren als zum Besseren gewendet. Wie dem auch sei – an unserem Schulsystem lässt sich noch einiges verbessern. Positive Vorbilder gibt es genug in Europa. Eine Sache liegt mir dabei besonders am Herzen: Ich halte es für immens wichtig, dass Kindern und Jugendlichen in der Schule demokratische Werte und verantwortliches Handeln vermittelt werden. Nur auf dieser Grundlage können sie zu mündigen Bürgerinnen und Bürger heranwachsen, die unsere Gesellschaft mehr denn je braucht.

Seit dem „Thesenanschlag zu München" war einige Zeit ins Land gegangen. Auf Anregung eines Studenten in unserem Kreis hatten wir inzwischen die Debattierkultur nach angelsächsischem Vorbild für uns entdeckt. Bevor wir diese Kunst der Diskussion nach festen Regeln in die Öffentlichkeit trugen, übten wir die Sache erst einmal unter uns. Dabei stellten einige wechselweise Pro- und Contra-Argumente zu einem vorher festgelegten Thema vor. Danach durften auch die Übrigen, sozusagen das Publikum, ihre Meinung dazu äußern. Das Entscheidende bei dem Ganzen war das Zuhören. Mir sagte diese Art, etwas kontrovers zu diskutieren, auf Anhieb zu. Niemand fiel dem anderen ins Wort und niemand war damit beschäftigt, in Gedanken die passende Retourkutsche zu formulieren, anstatt aufmerksam zuzuhören. Zudem lernte man dabei, sich eine eigene Meinung zu bilden und die Meinung anderer zu achten, was Toleranz erforderte und förderte. Noch heute bin ich davon überzeugt, dass sich mit dieser Art, kontroverse Themen zu diskutieren, leichter Lösungen finden lassen. Angesichts der Probleme, vor denen die Welt steht, müsste es eigentlich Teil des Schulunterrichts werden.

Die Jubiläumsfeier des Münchner Umwelt-Zentrums e. V. war eine der öffentlichen Veranstaltungen, bei denen wir die Debattierkunst unters Volk brachten. Sie fand im ÖBZ statt, dem Ökologischen Bildungszentrum. Unser Auftritt kam so gut an, dass die Münchner Volkshochschule – einer der beiden Träger des ÖBZ – uns danach für ihr Projekt „Balkonszenen" auf der Bundesgartenschau 2005 anfragte. Dabei sollten verschiedene Gruppen und Initiativen 16 unterschiedlich gestaltete Balkone bespielen. Wir sagten natürlich zu, das war eine tolle Gelegenheit, die Debattierkultur bekanntzumachen. „mitReden", diese Überschrift trugen die sechs Debatten, die alle möglichen Themen abdeckten, von „EU-Verfassung: Sind wir Bürger unmündig?" über „Die Methusalem-Frage: Alt gegen Jung – Wer sorgt für wen?" bis zu „Die Qual mit den Schulzeugnissen: Keine Noten mehr – Nur zum Singen!"

Unsere Idee, solchen öffentlichen Debatten einen festen Platz zu geben, und auf dem Marienhof eine „Speakers Corner" einzurichten, nahmen viele begeistert auf. Es sollte ein Ort sein, wo man brennende Themen und Fragen aus dem Stadtgeschehen diskutieren konnte. Uns lag sogar schon die Erlaubnis vom Kreisverwaltungsreferat vor. Doch zu viele bürokratische Hindernisse galt es noch zu überwinden und wir waren am Ende unserer Kräfte angelangt. Das „Bündnis zur Erneuerung der Demokratie" bestand nur noch aus einem kleinen Fähnlein aufrechter Aktiver. Alle anderen waren berufstätig und in weiteren

Bereichen engagiert, und ich körperlich wie seelisch stark angeschlagen. Wir schafften es nicht mehr, die Idee umzusetzen. Wenig später stellten wir die gesamte Arbeit des BED mit Bedauern ein. Doch wer weiß – vielleicht packe ich das Projekt „Speakers Corner" irgendwann doch noch einmal an …

Die folgenden Jahre waren für mich eine dunkle und sehr trübselige Zeit. Auch wenn ich nicht mehr viel unternahm, den Kontakt zu Hildegard Hamm-Brücher pflegte ich weiterhin. Stand eine Veranstaltung mit ihr auf meinem Terminplan, raffte ich mich auf und nahm daran teil. Auch beim Sonntagscafé im ÖBZ half ich ab und zu noch aus und bei der Buchführung des Münchner Umwelt-Zentrums. Das tue ich noch heute. Im Laufe der Jahre ist das Ökologische Bildungszentrum für mich zur zweiten Heimat geworden. Es ist ein wunderbarer Ort des Lernens – egal wie alt man ist. Für Kinder und Jugendliche gibt es spannende Lernangebote, die ihr Bewusstsein für Umwelt, Natur, Klima und vieles mehr schärfen. Sie erfahren, warum die Bienen für uns Menschen so wichtig sind. Sie können Brot in einem Lehmofen backen, mit Sonnenenergie kochen oder das Wetter beobachten. Auch für Erwachsene gibt es Seminare, Exkursionen, Workshops und Foren. Dabei geht es nicht nur um Theorie. Es ist auch möglich, bei der Gestaltung der Zukunft Münchens mitzureden und selbst mit Hand anzulegen. Ein Besuch lohnt sich, auch wenn man nur durch die schönen Außenanlagen schlendert.

Mit Volldampf durchgestartet

Meine Tour von München nach Rügen wirkte in vielerlei Hinsicht wie ein Weckruf. Das galt auch für mein bürgerschaftliches Engagement. Zurück in München, stürzte ich mich voller Elan in neue Projekte. Natürlich war dabei „Mobilität in allen Lebenslagen" mein Hauptthema, doch es tat sich auch etwas Neues auf. Green City fragte meine Mitarbeit für das Projekt „Clever konsumieren" an. Ich sollte im Rahmen von Projektwochen an Schulen Fragen von Schülerinnen und Schülern beantworten. Das klang interessant, also sagte ich zu. Ich bereute es nicht, Schulklassen zu besuchen bereitete mir unglaublich viel Spaß. So eine Projektwoche startete mit verschiedenen Workshops. Bei einem lernten die Elf- bis Vierzehnjährigen zum Beispiel, was es alles benötigte, um eine Jeans herzustellen. Bei einem anderen setzten sie sich damit auseinander, woher unsere Lebensmittel stammten. Außerdem besuchten sie einen Bauernhof, organisierten eine Tauschparty und dann kam ich ins Spiel: Ich erzählte ihnen über das Leben und den Alltag in meiner Kindheit.

Das erste Mal schickten sie mir ihre Fragen vorab zu. Ich war entzückt: Wann haben Sie das erste Mal Pizza gegessen? Gab es früher auch schon Deo oder Haarspray? Wie haben Sie sich mit Freunden verabredet? Wie alt waren Sie bei Ihrem ersten Kuss? Das und noch mehr wollten sie von mir wissen. Um möglichst anschaulich erzählen zu können, stellte ich eine Präsentation mit Fotos zusammen. Das kam bei den Jugendlichen sehr gut an. Deshalb ist sie noch heute im Einsatz, wenn ich Schulklassen besuche. Das Thema, mit dem ich immer anfange, ist der Verbrauch von Wasser. Auf dem Foto dazu sieht man mich als kleinen Knirps in einer Zinkbadewanne sitzen. Dass früher nur einmal in der Woche gebadet wurde, können sich viele überhaupt nicht vorstellen. Zwei andere Fotos zeigen ein Waschbrett und eine moderne Waschmaschine. Dazu erkläre ich, wie mühselig es früher war, Wäsche zu waschen. Die technische Entwicklung der letzten Jahrzehnte mache ich mit zwei weiteren Bildern sichtbar: Auf einem sieht man mich auf Skiern aus Holz, auf dem anderen sind moderne Hightech-Skier abgebildet.

Doch nicht nur darüber spreche ich in den Schulklassen. Wenn ich von meiner Kindheit erzähle, kommt zwangsläufig zur Sprache, dass ich kurz vor dem Ausbruch des Zweiten Weltkriegs geboren wurde und als Kind die Schrecken der Flucht erlebte. Seit der Flüchtlingswelle im Jahr 2015 beschäftigt das die Kinder sehr. Ich erkläre dann, dass es schon immer Krieg und Flucht gab und es sie wahrscheinlich auch immer geben wird, solange die Menschheit existiert. Ich möchte, dass sie eines verstehen: Es ist ein zutiefst menschliches Bedürfnis, vor Kriegen und Gewalt, vor Hunger und Armut zu fliehen, um anderswo Sicherheit und ein besseres Leben zu finden. Irgendwann spürte ich, dieses Thema ist nicht nur für Flüchtlingskinder mit starken Emotionen verbunden. Deshalb achte ich sehr genau auf die Wahl meiner Worte.

Manchmal ergibt sich aus einem Thema spontan das nächste. Einmal erzählte ein Junge aus Syrien, dass sein Vater unbedingt zurück in die Heimat möchte, sobald der Krieg vorbei sei. „Aber was ist mit mir, ich bin doch schon ein halber Deutscher", fragte er mich. Aus seiner Frage entwickelte sich ein intensives Gespräch. Alle durften erklären, was für sie Heimat bedeutet. Ein anderes Mal fragte mich ein Mädchen aus Afrika, ob meine Mutter Hitler gewählt hätte. Ich musste erst einmal schlucken, bevor ich antwortete: „Ja, weil er ein grausamer Diktator war. Es gab damals keine andere Möglichkeit." Danach warf ich die Frage in die Runde, was denn eine Diktatur sei, und darüber landeten wir beim Thema Demokratie. Mein Herzensthema, vor Freude wäre ich am liebsten in die Luft gesprungen.

Noch etwas anderes, sehr Berührendes passierte an diesem Tag. Ein elfjähriger Junge bemerkte: „Sie haben so schön über Ihr Leben erzählt, schreiben Sie doch ein Buch, ich kaufe auch eins." Daraufhin stand ein anderer auf und erklärte: „Ich habe keine Fragen mehr, aber ich möchte mich herzlich bedanken. Sie haben ja so viel erlebt, ich glaube, Sie sind ein glücklicher Mensch." Sprachlos stand ich da, mit einer Gänsehaut am ganzen Körper und Tränen in den Augen. Als sich dann auch noch alle mit einer Umarmung von mir verabschiedeten, war ich völlig durch den Wind. Ein Mädchen lief hinter mir her. Sie gab mir den USB-Stick, den ich vergessen hatte, aufgewühlt, wie ich war. Dieses Erlebnis war der entscheidende Impuls, mein Buch endlich in Angriff zu nehmen. Hoffentlich darf ich die erfrischenden und berührenden Begegnungen mit Kindern noch lange genießen.

Demonstrieren für ein Europa der Menschen

Zuletzt verschlug es mich noch in die Kommunalpolitik: Vor vier Jahren – damals war ich 75 – wurde ich über die Liste der Grünen in den Bezirksausschuss meines Wohnviertels gewählt. Die Arbeit ist sehr interessant, aber auch sehr anstrengend. Nach dieser Amtsperiode, die noch bis 2020 andauert, werde ich sicher nicht mehr kandidieren. Hin und wieder spüre ich doch mein wirkliches Alter, auch wenn ich mich deutlich jünger als 79 fühle! Gerade Jüngere fragen mich oft, warum ich mir die politische Arbeit noch antue. Dazu gäbe es einiges zu sagen. Am wichtigsten finde ich, dass die Erfahrung älterer Menschen gehört wird. Sie sollten viel häufiger in politischen Gremien vertreten sein. Aber auch ohne politisches Amt können sich alle in ihrem Umfeld einbringen. Es ist wichtig, nicht wegzuschauen, sondern sich zu Wort zu melden, wenn etwas in die falsche Richtung zu laufen scheint. Egal, ob man sein Anliegen bei einer Bürgerversammlung oder im Stadtrat einbringt, es gibt Möglichkeiten aktiv zu werden. Allerdings sollte man sich auch über Lösungsmöglichkeiten Gedanken machen. Das war schon immer mein Prinzip: Wenn ich Kritik an etwas übe, denke ich auch darüber nach, wie es besser gemacht werden könnte. Das fand ich an den Demonstrationen von „Pulse of Europe" so wohltuend. Sie sprechen sich für etwas aus: für ein starkes, demokratisches und friedliches Europa.

Abschied von einem Vorbild

Seitdem ich durch Hildegard Hamm-Brüchers Artikel angeregt wurde, mich bürgerschaftlich zu engagieren, ist mehr als ein Vierteljahrhundert vergangen. Wenn ich zurückblicke, spüre ich eine tiefe, innere Zufriedenheit. Es war eine aufregende Zeit, in der ich mit beeindruckenden Menschen und spannenden zeitgeschichtlichen Themen in Kontakt kam. Eine Zeit, die zudem enorme Auswirkungen auf meine persönliche Entwicklung hatte. Besonders die Jahre mit Hildegard Hamm-Brücher prägten mich stark und bedeuten mir ausgesprochen viel. Sie gab mir wichtige Werkzeuge an die Hand, um an der Verbesserung unserer Gesellschaft mitzuarbeiten. Vor allem aber glich ihr Vertrauen in mich und meine Fähigkeiten aus, dass ich in meiner Kindheit Ähnliches von meiner Mutter nur selten bekommen hatte.

Diejenigen, die Hildegard Hamm-Brüchers Biografie kennen, wissen, dass sie während ihres Studiums an der Ludwig-Maximilians-Universität München mit Mitgliedern der Weißen Rose in Kontakt kam. Sie selbst war nicht aktiv am Widerstand beteiligt, was ihr später auf der Seele lag. Doch als die grausame Herrschaft des Dritten Reichs beendet war, da gab sie sich ein Versprechen: Sie würde mit aller Kraft dafür kämpfen, dass so etwas nie wieder geschehen kann. Nicht nur darin war sie mir ein Vorbild, sondern auch als ein Mensch und eine Politikerin, die sich durch nichts und niemanden verbiegen ließ, und als eine Frau, die stark zur Veränderung alter weiblicher Rollenbilder beigetragen hat. Als ich erfuhr, dass sie am 7. Dezember 2016 gestorben war, spürte ich eine sehr tiefe Trauer. Bei unserem letzten Telefongespräch bemerkte sie, nun sei es genug. Das Leben war ihr durch ihre Krankheiten beschwerlich geworden. Ich verstand ihren Wunsch zu gehen und bat sie, mich persönlich von ihr verabschieden zu dürfen. „Ja, kommen Sie vorbei", forderte sie mich auf, „ich rufe Sie an, wenn es mir etwas besser geht." Es kam nicht mehr dazu. Wie beim Tod meines Vaters und meines Großvaters blieb das Gefühl, dass ich sie noch so vieles hätte fragen wollen. Während der Trauerfeier flatterte ein Schmetterling durch die Kirche – mitten im Dezember. Nach der Beisetzung schickte mir ihre Tochter Verena einen Brief mit einem Gedicht über einen Schmetterling. Sie hatte es ihrer Mutter ein paar Tage vor deren Tod vorgelesen. Als wir einige Zeit später miteinander telefonierten, fragten wir uns, ob der Schmetterling die Seele von Hildegard Hamm-Brücher fortgetragen hatte. Ich glaube, so war es.

Kapitel 6

Das große Wagnis Alter(n)

Alt werden ist nichts für Feiglinge, das stellte nicht nur Hollywood-Diva Mae West fest. Zu ihrem 70. Geburtstag stickte Bette Davis diese Erfahrung auf ein Sofakissen, und Joachim Fuchsberger gab seinem Buch über das Altern diesen Titel. Ja, alt zu werden ist eine Herausforderung, aber ich empfinde es auch als ein spannendes Abenteuer. Ab und an beobachte ich mich beim Älterwerden. Was ich sehe, gefällt mir. Ich bin geistig wacher geworden und viel offener gegenüber Neuem als in jüngeren Jahren. Das Alter hat auch mit sich gebracht, dass ich mich nicht mehr so schnell aus der Ruhe bringen lasse. Das stellte ich erst kürzlich wieder fest, als ich meinen Schlüsselbund das zweite Mal innerhalb eines Jahres verloren hatte. Eine jüngere Gunda wäre in dieser Situation das reinste Nervenbündel gewesen. Mein älteres Ich hingegen suchte gelassen alles ab, hängte Zettel aus und – die Schlüssel fanden sich.

Natürlich gibt es immer noch Situationen, die mich nervös machen. Das können Kleinigkeiten sein, etwa wenn ich mit der Bahn verreise, was nicht sehr häufig der Fall ist. Dann schwirren tausend Fragen durch meinen Kopf, wie ein aufgescheuchter Bienenschwarm: Bin ich pünktlich, finde ich den Bahnsteig, ist mein Sitzplatz frei, schaffe ich dies, klappt das … Eine Freundin, die Sonderschullehrerin war, ermutigte ihre Schülerinnen und Schüler mit dem Satz: „Du schaffst das!" Irgendwann beobachtete sie eines der Kinder, das auf einer schwierigen Wegstrecke ängstlich stehengeblieben war. „Frau Völker hat gesagt, du schaffst das", begann es leise vor sich hinzusagen und ging dabei Schritt für Schritt voran. Auch ich bestärke mich manchmal mit den Worten: „Gunda, du schaffst das!" Selbst wenn sie etwas zittrig klingen, helfen sie doch meist.

Das Alter hat auch belastende Seiten, das sehe ich realistisch. Mit der Gesundheit geht es auf und ab. Mal sind die Wehwehchen harmlos, ein anderes Mal gravierender. Die Reihen der Weggefährtinnen und -gefährten lichten sich. Vieles wird mühsamer. Man muss sich seine Energie sorgsamer einteilen, da die Quelle nicht mehr so unerschöpflich sprudelt wie in der Jugend. Umso wichtiger ist es, sich weder körperlich noch geistig zu vernachlässigen. Mein Vater hat es mir vorgemacht: Er hielt sich bis ins hohe Alter hinein in Schuss, bürstete sich jeden Morgen von Kopf bis Fuß ab. Das bewunderte ich sehr. Fragte man ihn nach seinem Befinden, pflegte er schmunzelnd zu antworten: „Den Jahresringen entsprechend!" Ich hörte ihn nie jammern oder klagen, er nahm die Dinge mit Humor. Das versuche ich auch zu tun, denn die Tücken des Älterwerdens lassen sich mit einem launigen Augenzwinkern leichter ertragen.

Was passiert, wenn ich mich nicht mehr alleine versorgen kann? Findet man mich rechtzeitig, wenn ich zu Hause zum Beispiel einen Herzinfarkt oder Schlaganfall erleide oder noch einmal stürze? Muss ich irgendwann meine Wohnung aufgeben und in ein Seniorenheim ziehen? Je älter man wird, desto mehr beschäftigen einen solche und ähnliche Fragen. Ich machte mir bereits früh Gedanken darüber, wie ich im Alter wohnen möchte. Der Anlass dazu waren die beiden Stürze in meiner Wohnung nach der zweiten Hüftoperation. Die Vorstellung, so etwas könne wieder passieren, machte mir Angst – vor allem, da ich inzwischen alleine lebte. Meine Eltern hingegen schoben solche Gedanken lange Zeit von sich weg. Sie hatten sich in einer Seniorenresidenz eingekauft. Kam eine Anfrage, ob sie eine frei gewordene Wohnung beziehen möchten, wehrte meine Mutter das jedes Mal rigoros ab: „So alt sind wir noch nicht!" Das große Haus, in dem sie damals lebten, machte viel Arbeit. Es wurde immer anstrengender, alles in Schuss zu halten. Ich war entsetzt, dass mein Vater in seinem Alter noch auf die Leiter kletterte, um die Dachrinnen sauber zu machen.

Nach dem Tod meines Vaters musste meine Mutter das Haus doch aufgeben. Die Seniorenresidenz war allerdings immer noch keine Option: „Ich möchte meine Persönlichkeit nicht an der Garderobe abgeben", erklärte sie. Stattdessen bezog sie eine große Wohnung. Erst als sie sich auch dort nicht mehr alleine versorgen konnte, beschloss sie von einem Tag auf den anderen, in ein Pflegeheim einzuziehen. Ich verstand ihre Haltung schon damals, und je älter ich wurde, desto besser konnte ich sie nachvollziehen. Auch ich hoffte, in meinen eigenen vier Wänden alt zu werden. Der barrierefreie Umbau des Bads war der erste Schritt in diese Richtung gewesen. Doch das war mir nicht genug.

Niemand wird alleine gelassen

Viele Nachbarinnen und Nachbarn in der Wohnanlage lebten wie ich schon sehr lange im Cosimapark. Fast alle wollten dort wohnen bleiben, auch wenn sie irgendwann auf fremde Hilfe angewiesen sein würden. Ein zufälliges Treffen in der Waschküche wurde zur Geburtsstunde des Vereins „Wohnen im Alter im Cosimapark". Zwischen Spül- und Schleudergang plauderten wir über dies und das. Am Ende landeten wir, wie schon so oft zuvor, bei diesem Thema. Über eines waren wir uns auf Anhieb einig: möglichst kein Seniorenheim! Doch welche Alternativen gab es? Betreutes Wohnen war keine Lösung, denn wir wollten nicht weg aus dem Cosimapark. Also beschlossen wir, die Sache selbst in die Hand zu nehmen. Die Diskussion kreiste um Begriffe wie Ehrenamt, Selbsthilfe, Wohngemeinschaft, Hilfsdienste, Finanzierbarkeit und, und, und … Uns war von Anfang an klar, dass eine rein nachbarschaftliche Hilfe auf Dauer nicht ausreichen würde. Eine zuverlässige Unterstützung Älterer oder Kranker war nur mit einer zentralen Anlaufstelle und Personen möglich, die gegen Bezahlung kleine Hilfsdienste übernehmen würden.

Unser Waschküchengespräch endete mit einer sehr unausgegorenen Idee. Um weiterzukommen, machten wir uns auf die Suche nach einer kompetenten Beratung. Wohlfahrtsverbände, Träger von Senioreneinrichtungen, Landesministerien, die Stadtverwaltung – überall stellten wir unser Anliegen vor. „Eine hervorragende Idee!", wurden wir allerorts gelobt. Doch viel mehr brachte es uns nicht ein. Bis wir nach mehreren Anläufen endlich einen Termin beim damaligen Sozialreferenten der Stadt München erhielten. Interessiert hörten sich Friedrich Graffe und seine Kollegin Helma Kriegisch unsere Ausführungen an. Als erstes empfahlen sie uns, eine Rechtsform für unser Projekt zu schaffen, beispielsweise einen Verein, eine GmbH oder eine Genossenschaft. Als wir dann erfuhren, welche Kosten für eine kompetente Betreuungskraft entstehen würden, schluckten wir. Wie sollten wir das jemals finanziell stemmen können? Obwohl der Sozialreferent die Vorteile unserer Idee für den Stadtsäckel sofort erkannt hatte, war mit einer finanziellen Starthilfe nicht zu rechnen: „Da kann sich die Stadt viel Geld sparen. Fangen Sie doch einfach in einem kleinen Rahmen an", ermutigte uns Friedrich Graffe. Damit waren wir entlassen.

Wie befolgten den Rat und gründeten am 07.07.07 den Verein „Wohnen im Alter im Cosimapark – WiAC e. V." Ein knappes Jahr später – inzwischen hatte WiAC rund sechzig Mitglieder und drei davon nahmen Hilfsdienste in Anspruch – genehmigte das Sozialreferat doch noch 7.000 Euro Anschubfinanzierung. Allerdings mit einer Auflage: Wir sollten zusammen mit dem IPP München – dem Institut für Praxisforschung und Projektberatung – ein tragfähiges Konzept und ein Leitbild erarbeiten. Das taten wir. In den darauffolgenden Jahren wuchs die Mitgliederzahl stetig, auch wenn es Zeiten gab, in denen es nur zäh voranging. Manche unserer ursprünglichen Vorstellungen überstanden den Praxistest nicht, dafür wurden neue entwickelt und praktisch umgesetzt.

Eine Idee mit Leben zu füllen, bedeutet viel Überzeugungsarbeit. Ohne Menschen, die alles vorantreiben, die dranbleiben und nicht aufgeben, funktioniert das nicht. Obwohl ich schon lange nicht mehr im Vorstand bin, liegt mir der Verein noch immer sehr am Herzen. Schließlich war ich eine der Geburtshelferinnen, WiAC ist „mein Baby". Das monatliche Treffen, das ich vor einigen Jahren ins Leben rief, betreue ich noch immer. Es war mir von Anfang an ein Anliegen, dass sich die Vereinsmitglieder kennenlernen. Inzwischen ist es auch zu einer Anlaufstelle für neue Mitglieder geworden. Vor kurzem waren es gleich fünf auf einen Schlag. Unglaublich, was sich aus den bescheidenen Anfängen alles entwickelt hat. So hat der Verein zu Recht im Frühjahr 2018 für seine Arbeit die Auszeichnung „München leuchtet" in Bronze erhalten.

Aber wie funktioniert die Sache? Das ist schnell erklärt: Mitglieder zahlen nur den jährlichen Mitgliedsbeitrag, solange sie keine Hilfsleistungen in Anspruch nehmen. Erst wenn sie altersbedingt regelmäßig Unterstützung benötigen, kommt eine monatliche Pauschale hinzu. Diese sehr moderate Kostenbeteiligung ermöglicht es, dass eine der etwa 20 geschulten Betreuerinnen zum Beispiel kleine Aufgaben im Haushalt oder den Einkauf übernimmt oder einen zum Arzt begleitet. Auch wenn man beispielsweise nach einem Krankenhausaufenthalt für begrenzte Zeit auf Hilfe angewiesen ist, kann man diese Dienstleistungen in Anspruch nehmen. Außerdem arbeitet der Verein mit ambulanten Pflegediensten zusammen und verschiedenen Handwerksbetrieben aus der Umgebung. Diese vermittelt er im Bedarfsfall an Vereinsmitglieder. Sogar ein Auto mit einem umweltfreundlichen Hybrid-Motor besitzt WiAC inzwischen, dank einer sehr großzügigen Spende. So können Vereinsmitglieder jetzt auch Fahrdienste in Anspruch nehmen. Das Neueste ist eine Fahrradriksha, mit der kann man sich zum Friseur oder Einkaufen fahren lassen. Als ich neulich gesundheitlich angeschlagen war, habe ich mich damit zum ersten Mal zu einer Sitzung kutschieren lassen – war das ein wunderbares Erlebnis!

Doch irgendwann dämmerte es mir, dass ich noch mehr suchte als nur Unterstützung im Alltag. Ich sehnte mich nach einem stärkeren persönlichen Kontakt zu den Menschen in meinem Wohnumfeld. Ich träumte von etwas, das – wenn es gut läuft – für den Zusammenhalt in einer Familie sorgt. Ich wünschte mir eine Art Wahlfamilie, in der man aufeinander achtet und füreinander sorgt, auch wenn alle ihren privaten Wohnraum zur Verfügung haben. Durch einen Zufall fand ich, was ich suchte.

Wer wagt, gewinnt

Es ist etwa drei Jahren her, seit ich bei einem Tag der offenen Tür von 20 Münchner Wohnprojekten das erste Mal mit der „Wohnbaugenossenschaft wagnis eG" in Berührung kam. Zusammen mit einer Kollegin vom Bezirksausschuss machte ich mich auf Erkundungstour. Grundsätzlich gefiel mir die Idee gemeinschaftlichen Wohnens sehr gut, doch bei keinem der Wohnprojekte, die wir an diesem Tag besuchten, zündete bei mir der Funke. So schaute ich mir danach weitere an, einige davon auch außerhalb von München. Eine Veranstaltung, zu der der Bezirksausschuss einige Zeit später eingeladen wurde, brachte eine Begegnung mit sich, die Folgen hatte. Es ging um das neue Mobilitätskonzept im Domagkpark, ein ähnliches sollte im Prinz-Eugen-Park (PEP) installiert werden. So hieß das neue Quartier, das in unserem Stadtbezirk auf dem Gelände der ehemaligen Prinz-Eugen-Kaserne am Entstehen war. Das Thema Mobilität interessierte mich natürlich, also ging ich hin. Das vorgestellte Konzept war extrem spannend. Nach dem Vortrag entdeckte ich einen der Vorstände von wagnis und sprach ihn an. Wir hatten uns beim Tag der offenen Tür der Wohnprojekte kennengelernt. Als er mir erzählte, sie seien im PEP dabei, war ich wie elektrisiert. Ein genossenschaftliches Wohnprojekt in einem Quartier mit einem zukunftsweisenden Mobilitätskonzept – das war genau das Richtige für mich!

Flugs setzte ich mich hin und verfasste die erforderliche schriftliche Bewerbung. Sie trug in großen, fetten Buchstaben die Überschrift:

„Wer wagt, gewinnt!" Darin erklärte ich, dass ich das Mobilitätskonzept super fände und mir ihr Leitbild eines gemeinschaftlichen Lebens außerordentlich gut gefiele. Nicht lange danach – es war im Sommer 2016 – fand das persönliche Vorstellungsgespräch statt. Ich radelte in das wagnis-Büro, wo ich von fünf Frauen freundlich empfangen wurde. „Oh – es ist ja gar kein Mann dabei", platzte ich heraus, denn in ein reines Frauenwohnprojekt wollte ich nicht ziehen. Der Irrtum war rasch aufgeklärt. Ich beantwortete ihre Fragen, wir lachten viel und dann schickten sie mich vor die Tür, um sich zu beraten. Wer wagt, gewinnt – ich erhielt die Zusage.

Die Planungen für wagnisPARK – so hieß das Wohnprojekt im PEP – liefen bereits, ich hatte also einiges nachzuholen. Die Gelegenheit dazu bot sich bei einem Workshop. Das war vielleicht anstrengend: Dutzende von neuen Gesichtern wollten kennengelernt und jede Menge wichtiger Informationen verdaut werden. Als am Ende die Frage in den Raum geworfen wurde, ob alles klar sei, meldete ich mich. Ich erklärte, ich wäre überwältigt von der freundlichen Art, in der sie mich aufgenommen hätten, aber auch von dem, was alles gesagt worden war. Ob mich wohl jemand als Patin oder Pate coachen könnte? Gleich drei Freiwillige meldeten sich.

Überhaupt waren die Hilfsbereitschaft und Fürsorglichkeit meiner zukünftigen Mitbewohnerinnen und Mitbewohner einfach umwerfend. Als ich nicht zu einer Sitzung kommen konnte, da ich krank war, und auch bei einem gemeinsamen Ausflug nach Vorarlberg hieß es immer wieder: „Brauchst du Hilfe, Gunda? Ist alles o. k.?" Wenn ich beim Richtfest irgendwo hinauf- oder herunterklettern musste, war immer ein hilfreicher Arm zur Stelle, auf den ich mich stützen konnte – ohne dass ich eine Bitte geäußert hatte. Das berührte mich sehr, obwohl es eigentlich nur Kleinigkeiten waren. Wahrscheinlich sind wir es heutzutage gar nicht mehr gewohnt, dass sich andere um einen kümmern.

Wir leben in einer Zeit, in der auf Individualität geschworen wird. Da muss Gemeinschaft erst wieder gelernt werden, und das ist nicht einfach. Es geht nicht ohne die Bereitschaft, Verantwortung für sich und für ein gutes Miteinander zu übernehmen. Dazu braucht es unter anderem klare Regeln und Kompromissbereitschaft in Konfliktsituationen. Wie das umgesetzt werden kann, erlebte ich bei den Eigenleistungen, die schon während der Bauphase anfielen. Man sollte sich vorab festlegen, welche Aufgaben man übernehmen würde. Kellerabteile zusammenschrauben, Bänke aus Klinkersteinen mauern oder Spielplätze montieren – das ging mit meinen 79 Jahren nicht mehr. Stattdessen fand sich die Möglichkeit, mit anderen zusammen für die Truppe zu kochen, während diese am Werkeln war.

Das Fabelhafte an einem Wohnprojekt wie wagnis ist, dass alle von Anfang an in die Planungen und Entscheidungen einbezogen werden. Zwar kosten mich die Mitarbeit in Arbeitsgruppen und die Plenumssitzungen, in denen Beschlüsse gefasst werden, Energie und Zeit, doch es lohnt sich. Ich wirke nicht nur bei der Gestaltung meines Wohnumfeldes mit, ich lerne dabei auch schon meine neuen Nachbarinnen und Nachbarn kennen. Gemeinsam etwas zu tun, ist eine wunderbare Art, Beziehungen zu anderen Menschen zu knüpfen. Im Laufe der Zeit können sie sich zu einem tragfähigen sozialen Netz entwickeln. Doch nicht nur innerhalb unseres Wohnprojektes gibt es vielerlei Mitsprachemöglichkeiten. Wie alle anderen Bauträger war auch wagnisPARK von Beginn an bei der Planung des gesamten Quartiers mit dabei.

Eine Sache, die den ganzen Prinz-Eugen-Park betrifft, ist das Mobilitätskonzept. Mir gefällt es außerordentlich gut! Um die Zahl der privaten PKWs im Viertel so gering wie möglich zu halten, hat man sich verschiedene Maßnahmen einfallen lassen: Der sonst in München übliche Stellplatzschlüssel von 1:1 – ein Autostellplatz pro Wohnung – wurde im PEP fast auf die Hälfte reduziert. Zudem sind die Fahrzeuge in Tiefgaragen verbannt, auf der Straße wird es nur wenige Kurzzeitparkplätze geben. Carsharing-Stationen im Quartier und eine Mobilitätszentrale, die Fahrräder, Pedelecs, Lastenräder und Anhänger zur Verfügung stellt, erleichtern es, auf einen eigenen PKW zu verzichten. Für mich sind natürlich die Ladestationen für E-Bikes oder Elektro-Autos sehr interessant. Last but not least ist ein zentraler Fahrradshop mit Werkstatt geplant. Da braucht man doch wirklich kein eigenes Auto!

Bei Wind und Wetter unterwegs mit dem Dreirad

Doch ich muss ehrlicherweise hinzufügen, dass nicht alle so begeistert von dem Mobilitätskonzept sind wie ich. Im PEP bauen nicht nur Wohnprojekte wie wagnis, in denen das Teilen und Nachhaltigkeit mit zum Selbstverständnis gehören. Es wird auch Bewohnerinnen und Bewohner geben, die mit diesen Themen (noch) nicht vertraut sind. Sie befürchten vielleicht, ohne ihre Blechkiste auf Lebensqualität verzichten zu müssen. Die Praxis mag sie eines Anderen belehren, wir werden sehen. Auf jeden Fall sind weniger Autoverkehr und ein Tempolimit ein Traum für alle, die zu Fuß und mit dem Rad im Prinz-Eugen-Park unterwegs sind. Ich finde es wunderbar, wenn Kinder nicht in eingezäunten Flächen spielen müssen, an denen der Verkehr vorbeibraust. Auch ich möchte nicht nur parkende und vorbeieilende Autos sehen, sobald ich das Haus verlasse. Mein Traum wäre es, wenn sich die Menschen die Straßen zurückerobern könnten. So wie es in meiner Kindheit war.

Doch im PEP wird noch einiges mehr für die Lebensqualität der Bewohnerinnen und Bewohner getan. Die Palette reicht von einem Nachbarschaftscafé über die Verleihstation für technische Geräte bis hin zu einem Paketshop inklusive internem Lieferservice, um nur einiges zu nennen. Weitere Projekte für eine lebendige Nachbarschaft, wie zum Beispiel eine Stadtteilzeitung, Foodsharing oder die Organisation eines Sommerfestes, sind bereits am Entstehen. Ich würde gerne in unserer Lesegalerie ein Erzählcafé einrichten. Dort könnten Zeitzeugen aus ihrem Leben erzählen oder Lesungen durchgeführt werden. Ich denke, das alles wird sich ergeben, wenn ich dort wohne – wäre es doch nur schon so weit!

Die Reise ins Unbekannte

Meinen achtzigsten Geburtstag werde ich schon in meinem neuen Zuhause feiern. Mindestens neunzig Jahre alt möchte ich werden, oder vielleicht sogar noch ein bisschen älter, das habe ich mir fest vorgenommen. Doch wie werde ich diese Jahre verbringen? Ich stelle es mir in etwa so vor: Sobald ich „klapprig" werde und Hilfe im Alltag brauche, wende ich mich an WiAC. Auch wenn ich nicht mehr im Cosimapark wohne, ist das kein Problem, der Verein betreut nicht nur Mitglieder in dieser Wohnanlage. Reicht das nicht mehr aus, beauftrage ich zusätzlich einen ambulanten Pflegedienst. Ich bin gespannt, was sich zum Thema „Wohnen im Alter" im Prinz-Eugen-Park noch alles tun wird. Ein Arbeitskreis macht sich bereits Gedanken darüber, welche Dienstleistungen und Angebote es für ältere und pflegebedürftige Menschen im Quartier geben soll. Sobald die Planungen konkreter werden, werde ich ihnen anbieten, den Kontakt zu WiAC herzustellen.

Mir geht es wie wahrscheinlich allen: Ich wünsche mir, dass der Kelch einer schweren Pflegebedürftigkeit an mir vorübergeht. Der Gedanke, zuletzt doch noch in ein Pflegeheim ziehen zu müssen, behagt mir nicht. Noch weniger gefällt mir die Vorstellung, dass ich mich nicht mehr bewegen oder äußern kann. Ich vertraue auf Gott, dass er mich vorher abberuft. Auf jeden Fall möchte ich keine lebensverlängernden Maßnahmen, das ist in meiner Patienten- und Betreuungsverfügung festgelegt. Irgendwann steht dann meine letzte große Reise an, doch diesmal nicht auf dem Easy Rider.

Wie Sterben gehen kann, erlebte ich beim Tod meiner ältesten Freundin. Sie wohnte bereits einige Jahre in einem Seniorenheim. Zuletzt konnte sie sich nicht mehr verständlich machen, wenn sie etwas bedrückte oder sie Schmerzen hatte. Man merkte es nur daran, dass sie sehr aggressiv wurde. Als wir zusammen ihren sechsundachtzigsten Geburtstag feierten, schoss mir plötzlich durch den Kopf: „Heute sehen wir uns das letzte Mal." Meine Vorahnung bestätigte sich. Die Tochter erzählte mir ein paar Tage später am Telefon, dass ihre Mutter die Nahrung verweigern würde und niemand mehr sehen wollte. Daraufhin rief ich sie abends an, um ihr am Telefon ein Gutenachtlied zu singen. Manchmal soll sie gelächelt haben. Drei Wochen später schlief sie friedlich ein. Eine Zeit lang war ich traurig, dass ich sie nicht mehr besuchen und mich von ihr verabschieden konnte. Doch dann wurde mir eines klar: Zu sterben ist etwas sehr Persönliches. Manche Menschen tun das für sich alleine, andere in Begleitung. Einige gehen sehr bewusst damit um, aber die meisten wollen sich nicht mit ihrem nahenden Tod auseinandersetzen. Ich glaube, meine Freundin wollte sterben, das wurde mir erst im Nachhinein klar. Ich hatte es an ihrem Geburtstag in ihren Augen gelesen, ohne es zu verstehen.

Etwas Ähnliches erlebte ich mit einer neunzigjährigen Nachbarin. Als es ihr schlecht ging, wurde sie ins Krankenhaus eingeliefert. Irgendwann hatte sie wohl genug und entschied: „Ich will keine Behandlungen mehr, ich will nach Hause." Sie kehrte mittags nach Hause zurück, am Abend starb sie. Hoffentlich wird mir diese Gnade auch gewährt: zu wissen, wann mein Leben vollendet ist und nichts mehr darin Platz findet. Mein Vater trat seine letzte Reise im Urlaub an, mitten aus dem Leben. Meine Mutter ging einen schwereren Weg, sie quälte sich fast ein Jahr lang. Vielleicht auch, weil sie ihr ganzes Leben mit sich zu kämpfen hatte? Ich bin froh, dass ich nicht mehr so viele Kämpfe auszufechten habe. Es wäre schön, wenn ich meine letzten Jahre in vollen Zügen genießen dürfte. Und wenn es so weit ist, möchte ich die innere Stärke besitzen, das Leben ohne Hadern loszulassen.

Doch nicht nur Menschen, auch mein Sauser lehrte mich etwas über das Sterben. Vielleicht spüren Tiere instinktiv, wenn für sie die Zeit gekommen ist. Bei ihm fing es damit an, dass er sich nicht mehr gerne anfassen ließ und nach mir schnappte, wenn ich es versuchte. Dann wurde es ihm zu viel, wenn Freundinnen oder Freunde zu Besuch kamen. Anstatt es wie früher zu genießen, im Mittelpunkt zu stehen, konnte es ihm passieren, dass er vor lauter Stress eine kleine Pfütze in der Wohnung hinterließ. „Sauser, das ist alles nicht so schlimm", tröstete ich ihn, wenn er sich danach beschämt verkroch. Ich päppelte ihn mit Leckereien und ließ regelmäßig seine Blutwerte kontrollieren. Als er partout nichts mehr fressen wollte, sagte ich einen geplanten Termin beim Tierarzt ab. Ich wusste, es waren keine Laborwerte mehr nötig. Wir gingen noch einmal Gassi, dabei knickte mein kleiner Freund kraftlos in den Beinen ein. Ich trug ihn nach Hause. Drei Stunden lang saß ich mit ihm auf dem Schoß und streichelte ihn vorsichtig. Entschuldigte mich bei ihm, dass ich manchmal ungeduldig gewesen war. Bedankte mich für all die schönen gemeinsamen Jahre, in denen er so gut auf mich aufgepasst hatte. Er brummte ab und zu ganz sanft, so als wolle er mir sagen: „Alles ist gut."

Sauser – mein bester Freund

Ich weinte bitterlich, nachdem er seinen letzten Atemzug getan hatte. Doch es war ein kostbares Geschenk, dass wir Abschied voneinander nehmen konnten. Auch von meiner Mutter und von Hildegard Hamm-Brücher hätte ich mich gerne verabschiedet, doch es war mir leider nicht vergönnt. Vielleicht darf ich es erleben, dass sich die Menschen, denen ich wichtig war, von mir verabschieden. Ich fände es schön. Es fühlt sich an, als würde dadurch etwas stimmig zum Abschluss kommen – so wie ein Kreis, der sich schließt.

Kapitel 7

Gemeinsam geht es besser

Schon immer träumte ich davon, interessante Texte zu schreiben oder beeindruckende Bilder zu malen. Irgendwann gestand ich mir ein, es wahrscheinlich in keiner der beiden Disziplinen zur Meisterschaft zu bringen. Meine Schreibversuche endeten unweigerlich mit ein und demselben Ergebnis: In meinem Kopf begannen Worte und Sätze wild durcheinanderzuwirbeln. Sie wollte sich einfach nicht bändigen und in eine feste Form gießen lassen. Dafür besaß ich ein Talent anderer Art: Ich war schon immer eine unterhaltsame Erzählerin und bin es noch heute. Stehe ich vor einer Schulklasse oder vor einem erwachsenen Publikum, kann ich richtig in Fahrt kommen. Dann sprudeln die Worte nur so aus mir heraus. Meist sind sie mit einer Prise Humor gewürzt, auch deshalb hören mir viele Menschen gern zu. Nicht umsonst sage ich über mich: „Am besten kann ich Dreirad fahren und erzählen."

Da stand ich nun und wollte die Erlebnisse und Erfahrungen aus meinen beinahe achtzig Lebensjahren zwischen zwei Buchdeckel packen. Die Vorstellung, alleine zu Hause zu sitzen und zu schreiben, lockte mich allerdings nicht. Ich bin generell keine Einzelkämpferin und liebe es, im Team zu arbeiten. Mit den richtigen Menschen kann es eine fantastische Erfahrung sein, etwas gemeinsam zu erschaffen. Getreu der Erkenntnis: „Schuster, bleib bei deinen Leisten", beschloss ich also, das Buch mit professioneller Unterstützung zu verfassen. Die ersten Anläufe verliefen im Sand. Mal gab es anderes zu erledigen, mal verhinderten unüberwindliche Hindernisse die Umsetzung. So verging die Zeit. Kaum schaute ich mich um, war schon wieder ein Jahr vergangen. Ein kurzer Artikel über die Biografinnen Ute Vidal und Monica Fauss, den ich im Frühjahr 2017 in einem Münchner Stadtmagazin für Ältere las, brachte die Sache endlich in Gang. Ute kannte ich bereits, und nach dem ersten Treffen mit beiden stellte ich fest: Die Chemie stimmte. Ich hatte das Gefühl, ihnen vertrauen zu können. Das war mir wichtig, denn im Buch würden sehr persönliche Aspekte meiner Lebensgeschichte zur Sprache kommen.

Schon zu Beginn unserer Zusammenarbeit überlegten wir, ob sich – wie zuvor für die Tour – Sponsoren für mein Buchprojekt finden ließen. Dabei kam auch das Thema Crowdfunding zur Sprache. Monica und Ute hielten es für eine gute Möglichkeit, damit die gesamte Buchproduktion vorzufinanzieren. Crowdfunding – mir sagte der Begriff nichts. Was sie mir dazu erklärten, weckte meine Neugierde. Wir beschlossen, uns die Sache genauer anzusehen. Bei Internetrecherchen stießen wir auf das Münchner Crowdfunding-Frühstück, ein gemeinsames Angebot der IHK für München und Oberbayern sowie des Kompetenzteams Kultur- und Kreativwirtschaft der Stadt München. Als ich das Treffen zwei Monate später das erste Mal besuchte, war ich schon wesentlich schlauer. So wusste ich, dass beim Crowdfunding viele Menschen auf einer Plattform im Internet mit kleinen oder größeren Geldbeträgen ein Vorhaben unterstützen. Dafür erhalten sie eine Gegenleistung, ein sogenanntes „Dankeschön".

Das gefiel mir, so musste ich kein schlechtes Gewissen haben. Ich bekam nicht einfach Geld geschenkt, sondern gab etwas zurück. Natürlich bot sich das Buch als ein „Dankeschön" an. Die Idee, zu einer Radtour in einen Biergarten einzuladen, inklusive Brotzeit und handsigniertem Buch, gefiel uns auch recht gut. Wer seinen Geldbeutel besonders weit öffnen wollte, sollte mit einer exklusiven Wohnzimmer-Lesung inklusive fünf handsignierten Büchern belohnt werden, und für Firmen hatten wir uns ein spezielles Unternehmenspaket ausgedacht. Startnext schien für unser Vorhaben gut zu passen, deshalb wollten wir mit dieser Crowdfunding-Plattform zusammenarbeiten. So vorbereitet, machten Ute und ich uns gespannt auf den Weg. Wir hofften, von der Münchner Crowdfunding-Szene gute Tipps für eine erfolgreiche Kampagne zu bekommen.

Wie klein die Welt doch war! Als ich um acht Uhr morgens das Café im Schwabinger Universitätsviertel betrat, war die Erste, auf die mein Blick fiel, Julia. Ich kannte die junge Frau über die politische Arbeit bei den Grünen. Sie würde heute über ihre erfolgreich abgeschlossene Kampagne berichten, erzählte sie mir. Mit einer Tasse Kaffee bewaffnet suchten Ute und ich uns einen Sitzplatz. Ein Blick in die Runde zeigte vor allem jüngere Leute. Ich war eindeutig die „Alterspräsidentin". Würden sie mich und meine Idee überhaupt ernst nehmen?

Die beiden Organisatorinnen eröffneten das Treffen. Linette, so erfuhr ich, war bei der IHK für den Bereich Crowdfunding zuständig und Mona bei der Stadt München. Rundum stellten sich alle vor und beschrieben kurz, was sie vorhatten. Die Vielfalt und Unterschiedlichkeit der Projekte beeindruckte mich, ihre Bandbreite reichte von Kulturvorhaben über technische Ideen bis hin zu sozialen Projekten. Was Julia danach über die Vorbereitung und Durchführung ihrer Kampagne erzählte, begeisterte und erschreckte mich zugleich. Das klang nach richtig viel Arbeit! Hätte ich damals gewusst, was alles auf mich zukommen würde, wäre ich vermutlich nicht so entspannt an die Sache herangegangen. Doch der angeregte Austausch und die Ermutigung der Anwesenden fegten meine letzten Zweifel hinweg. Es beruhigte mich zudem, dass Monica und Ute mich bei der Durchführung der Kampagne unterstützen wollten. Ich beschloss, den Versuch wagen.

Eine lange Aufgabenliste

Gut informiert und gerüstet für die kommenden Herausforderungen fühlte ich mich nach dem Treffen. Doch als ich Utes lange Zu-erledigen-Liste sah, bekam ich weiche Knie. „Der Zauberlehrling, schon wieder der Zauberlehrling", schoss es mir durch den Kopf. Da half nur eins: frisch ans Werk! Gemeinsam legten wir das Fundingziel und die „Dankeschöns" fest, erstellten einen PR-Plan und auch das Skript für das sogenannte „Pitch-Video" nahm Gestalt an. Damit würde ich das Buchprojekt auf meiner Kampagnenseite bei Startnext vorstellen und zusätzlich auf der Facebook-Seite „Gunda unterwegs". Wie es der Zufall wollte, kannte ich einen Kameramann und Videojournalisten. Ingo Weichselbaumer sagte sofort zu, als ihn bat, das Video zu produzieren.

Zwei aufregende Tage beim Videodreh

Die zwei Drehtage mit ihm und Ute waren anstrengend, aber außerordentlich vergnüglich. Wir trafen uns im Spätsommer an einem sonnigen Vormittag im Ökologischen Bildungszentrum. Ich staunte nicht schlecht, als ich sah, was Ingo alles an Technik angeschleppt hatte! Eine kurze Lagebesprechung zum Ablauf und schon ging es los. Ich trat in die Pedale und fuhr an Blumenbeeten entlang auf die Kamera zu. Gut, das war im Kasten. Jetzt wurde es schon etwas schwieriger.

Ingo zog einen Strich auf dem Boden, stellte die Kameralinse auf die richtige Entfernung ein und schickte mich mit einer kurzen Anweisung los: „Du nimmst ordentlich Fahrt auf, bremst kräftig ab, kommst genau hier zum Stehen und sagst dein Sprüchlein auf." Auweia, auf so vieles zugleich achten und dann auch noch entspannt einen Text sprechen und in die Kamera lächeln – ich kam mir fast wie ein richtiger Hollywood-Star vor.

Doch das absolute Highlight der zwei Drehtage war die Libelle. So tauften wir die Drohne, die sich Ingo erst kurz zuvor angeschafft hatte. Mit ihrer Hilfe entstanden die faszinierenden Luftaufnahmen. Seine Freude an dem neuen technischen Spielzeug war so ansteckend, dass ich meine letzten Reserven mobilisierte, um mit dem Easy Rider durchs Gelände zu sausen. Als er am Schluss die Libelle etwa drei bis vier Meter über dem Boden mehrmals im Kreis um mich herumfliegen ließ, während er und Ute atemlos hinter ihr herrannten, um nicht im Bild aufzutauchen, da kippte ich vor lauter Lachen beinahe vom Dreirad. Die erste Fassung des Videos schickten wir einigen Bekannten. Wir wollten wissen, wie es ankam und was man noch verbessern könnte. Es war nicht das einzige Mal, dass wir andere um ein Feedback baten. Auch bei der Gestaltung meiner Startnext-Seite halfen Rückmeldungen dabei, Fehler auszumerzen und der Seite den letzten Schliff zu verleihen. Gemeinsam geht es einfach besser!

Eine Sache bereitete mir allerdings noch Kopfschmerzen. Während der sechs Wochen, in denen die Kampagne laufen würde, musste ich mich permanent bei potentiellen Unterstützerinnen und Unterstützern in Erinnerung bringen. Das ging nicht ohne die sozialen Medien. Doch damit kannte ich mich nicht aus. Ich hatte den Umgang mit Computer und Internet erst im Alter gelernt. Anders als Jüngere, die mit dem World Wide Web und seinen Möglichkeiten aufgewachsen waren, würde mir diese verwirrende Welt immer fremd bleiben. Als hätte der liebe Gott meinen Stoßseufzer gehört, fand sich eine Lösung für mein Problem. Bei einem Crowdfunding-Frühstück lernte ich

Günes Seyfarth kennen. Ich staunte nicht schlecht, als ich hörte, was die dreifache Mutter, überzeugte Bildungsaktivistin und Vorkämpferin für einen achtsamen Umgang mit Lebensmitteln schon alles auf die Beine gestellt hatte! Als sie mir anbot, mich durch die Welt der sozialen Medien zu lotsen und bei der Öffentlichkeitsarbeit zu unterstützen, fiel mir ein Stein vom Herzen. Sie wurde mein „Internet- und PR-Engel" und holte zusätzlich ein junges Grafiktalent mit an Bord. Veronica Zotz kreierte nicht nur die ansprechenden Flyer und Postkarten für die Kampagne, sondern auch das Gunda-Comic-Gesicht und den Sauser-Comic-Dackel. Ich war entzückt, als ich sie das erste Mal sah, sie hatte Mensch und Hund gut getroffen.

Während unser kleines, aber feines Frauenteam unter Hochdruck die Aufgabenliste abarbeitete, raste die Zeit dahin: Pressemeldungen fertigstellen, aus Hunderten von Fotos die schönsten Motive auswählen, Veranstaltungen planen, eine Kontaktliste erstellen, die Seite „Gunda unterwegs" auf Facebook ins Laufen bringen und, und, und … Wir wussten nicht mehr, wo uns der Kopf stand vor lauter Arbeit. Kein Wunder, dass uns auf einem der Infoflyer ein frecher Fehlerteufel eine lange Nase zeigte: „Gunda untwerwegs" stand da zu lesen. Ein „w" zu viel hatte sich eingeschlichen, und keine von uns hatte es bemerkt. Wir mussten schallend lachen, als wir den Fehler entdeckten. Ob es außer uns überhaupt jemandem aufgefallen war?

Nur noch wenige Tage bis zum Kampagnenstart. Ein letztes Mal tief durchgeschnauft. Am 26. Februar 2018 sollte der Startschuss fallen. Danach hatten wir sechs Wochen lang Zeit, 12.500 Euro zusammenzubringen. Eine echte Herausforderung, vor allem, da es eine Auflage gab: „Alles oder nichts!" Nur wenn wir das Fundingziel bis zum Ende der Kampagne erreicht hätten, würde Startnext das Geld bei den Unterstützerinnen und Unterstützern einsammeln und nach Abzug aller Gebühren an mich auszahlen. Mein Adrenalinspiegel schoss in die Höhe. Sollte es uns nicht gelingen, wäre die ganze Arbeit umsonst gewesen!

Endlich war es soweit. Nach einer schlaflosen Nacht trieb mich die Aufregung schon früh an den Laptop. Gespannt versuchte ich die Kampagnenseite zu öffnen. Nichts tat sich. Was war da nur los? Der Teufel steckte im Detail. In der Aufregung hatten wir übersehen, dass ich Startnext den Auftrag erteilen musste, die Seite „scharf" zu schalten. Das war rasch nachgeholt. Es dauerte nicht lange, und die ersten Unterstützerinnen und Unterstützer tauchten in der Liste auf. Ich jubelte, es funktionierte ja wirklich! Nicht nur ich, das gesamte Team hatte seine privaten Kontakte und beruflichen Netzwerke mobilisiert und natürlich war auch die Presse informiert. Die erste Interviewanfrage erhielt ich von „Geheimtipp München", einer informativen Internetseite mit Tipps und Geschichten über München. Das Gespräch mit dem jungen Redakteur war außergewöhnlich intensiv und sehr persönlich. Ich glaube, es hat auch ihn nicht unberührt gelassen. Sollte es ihm ein positives Bild vom Alter und von älteren Menschen beschert haben, würde mich das sehr freuen. Sehr pfiffig überschrieb er seinen Artikel mit „Radl-Omi Gunda". Später drehte noch das Bayerische Fernsehen einen Beitrag für die Abendschau.

Die ersten Tage hielt ich es kaum aus vor Neugier. Alle paar Stunden überprüfte ich die Unterstützerliste nach neuen Namen. Einige kannte ich, andere gehörten zum Freundes- und Bekanntenkreis von Günes, Monica und Ute. Aber es gab auch völlig Unbekannte, die ein Buch, eine der lustigen Tassen mit den Comics oder ein anderes der acht verschiedenen „Dankeschöns" ausgewählt hatten. Sogar eine Wohnzimmer-Lesung war schon am zweiten Tag vergeben, an Giesinger Bräu in München. Als ich dann noch die großzügige Unterstützung von Van Raam, dem Hersteller des Easy Riders, in der Liste entdeckte, schwebte ich im siebten Himmel.

Doch dann, um die Halbzeit herum, tat sich nur noch wenig. Da wurde es mir vor lauter Zweifeln und Ängsten recht blümerant. Gott sei Dank war Günes die Ruhe selbst. Sie schlug vor, es mit Werbung auf Facebook zu versuchen, um wieder Schwung in die Kampagne zu bringen. Ich war mit allem einverstanden, so lange ich mich nicht darum kümmern musste. Denn ich schrieb eine Mail nach der anderen und telefonierte mir die Finger wund. Es kostete mich viel Überwindung, mich bei allen nochmals in Erinnerung zu bringen. Doch es war wichtig und meistens freuten sich die Leute darüber.

Ich bin immer noch verblüfft, was die Crowdfunding-Kampagne alles in Bewegung gesetzt hat. Als ich die Höhe einiger Beträge ohne Gegenleistung sah – diese Unterstützungsmöglichkeit gab es auch –, wollte ich meinen Augen nicht trauen. Andere rundeten den Betrag ihres „Dankeschöns" sehr großzügig auf. Aber auch sonst schlug mir eine Welle unglaublicher Hilfsbereitschaft entgegen. Viele gaben die Informationen über meine Kampagne in ihren Kreisen weiter. Eine Bekannte, Irmgard Voigt, organisierte ein Lesecafé in einem wagnis-Wohnprojekt. Dort las ich Auszüge aus dem Buchmanuskript und erklärte, wie meine Kampagnenseite funktionierte. Das war vor allem für Ältere wichtig, die nicht so vertraut im Umgang mit dem Internet waren. Manche, denen die Teilnahme über Startnext zu kompliziert erschien, drückten mir einfach Bares in die Hand. Am schönsten aber waren die vielen, vielen Gespräche in dieser Zeit. Es war überwältigend, wie viel Zuspruch und Anerkennung ich für mein Vorhaben erhielt.

Die Frühstücks-Treffen der Münchner Crowdfunding-Community, die ich mehrmals besuchte, waren jedes Mal wie ein Bad im Jungbrunnen. Nicht nur, dass mich Linette und Mona während der ganzen Kampagne fachkundig und unglaublich herzlich unterstützten. Der Erfahrungsaustausch und das Gemeinschaftsgefühl in der Gruppe, die Begeisterung, mit der sich alle für ihr Projekt einsetzten, all das motivierte und ermutigte mich ungemein. Kurz vor dem Ende meiner Kampagne durften Ute und ich bei einem Treffen im „Café Blá" von unseren bisherigen Erfahrungen berichten. Ich konnte es gar nicht glauben – vor einem halben Jahr erst hatte ich Julias Ausführungen gebannt gelauscht, und jetzt hörten mir „Neulinge" aufmerksam zu.

Und das, obwohl ich vermutlich die bisher Älteste in München war, die mit Crowdfunding ein Projekt verwirklichen wollte. Bei dem Gedanken ging mein Temperament mit mir durch – ich glaube, selten zuvor wurde bei einem Erfahrungsbericht so viel gelacht. Später bat die Chefin vom Café mich um die Comic-Postkarte und die beiden Flyer – auch den fehlerhaften, mit dem überflüssigen Buchstaben. Sie steckte alles in das Infodisplay über dem Waschbecken in der Toilette. Das freute und amüsierte mich doch sehr. Wie es sich im Zeitalter der sozialen Medien gehörte, machte ich Fotos und stellte sie mit einem launigen Kommentar auf die Facebook-Seite.

Auch wenn es vieles an Facebook zu kritisieren gibt, meine Seite „Gunda unterwegs" auf dieser Internet-Plattform hat zum Erfolg meiner Kampagnen beigetragen. Menschen aus der ganzen Republik erfuhren über dieses Online-Netzwerk von meinem Buchprojekt. Doch etwas anderes war noch viel wichtiger: die Menschen, die mir halfen, die Kampagne vorzubereiten und durchzuführen. Alleine hätte ich das Crowdfunding niemals stemmen können. Alles ging so rasend schnell, und so vieles war gleichzeitig im Auge zu behalten und zu tun. Ich gestehe es offen, manchmal kam ich einfach nicht mehr mit. Doch dank der geballten Frauen-Power von Günes, Monica, Ute und mir endete die Kampagne erfolgreich: Fast 170 Menschen aus ganz Deutschland unterstützten meine Kampagne mit insgesamt 12.771 Euro und gaben dabei unter anderem bereits 105 Buchbestellungen auf! Was sich nicht in Zahlen fassen ließ, war die immense Öffentlichkeitsarbeit, die durch die Kampagne schon vor der Veröffentlichung des Buchs geleistet wurde.

Nach den sechs anstrengenden Wochen fühlte ich mich wie ein Ballon, aus dem die Luft entwichen war. Doch eine längere Verschnaufpause konnte ich mir nicht gönnen, die Liste mit „Dankeschöns" musste bearbeitet werden. Auch der 12. Deutsche Seniorentag in Dortmund rückte näher. Dort sollte ich bei einem Podiumsgespräch über meine Tour erzählen und im „Treffpunkt Bildung" berichten, wie Crowdfunding funktioniert. Aber das Allerwichtigste war, dass es mir unter den Nägeln brannte, das Buch fertigzustellen. Die noch fehlenden Interviews waren schnell geschafft. Monicas Frage, warum ich den Drang verspürte, meine Erfahrungen und Erlebnisse niederzuschreiben und an junge und alte Menschen weiterzugeben, beschäftigte mich allerdings noch lange. Wollte ich nur der Bitte von Kindern und Erwachsenen nachkommen, ein Buch über mein Leben zu schreiben? Oder war es vielleicht der Wunsch, das Erlebte dauerhaft in Worten aufzubewahren, anstatt nur flüchtig darüber zu erzählen? So wie es in Johann Wolfgang Goethes „Faust" heißt: „Denn was man schwarz auf weiß besitzt, kann man getrost nach Hause tragen."

Mir wurde bewusst, dass mehr dahintersteckte. Auf meine Lebensgeschichte zurückzublicken, fühlte sich an wie ein seelischer Reinigungsprozess. Während das Buchmanuskript entstand, durchlitt ich noch einmal alte Kränkungen, Unsicherheiten und Ängste, und verspürte am Ende eine tiefe Zufriedenheit darüber, wie ich meinen Lebensweg bewältigt hatte. Dabei flossen einige Tränen, die vieles von dem alten Müll hinwegschwemmten. Nachdem meine Lebensgeschichte in Worte gefasst war, fühlte ich mich wie von einer drückenden Last befreit. Ich konnte einen Schritt zurücktreten. Das wiederum erlaubte mir, das Vergangene klarer zu sehen, aus einem veränderten, aus einem positiveren Blickwinkel, aber ohne etwas zu verleugnen oder zu verdrängen.

Als ich aus dieser neuen Perspektive auf mein Leben zurückblickte, wurde mir noch etwas klar: Es war der Kontakt zu anderen Menschen, der meinem Leben Würze verliehen hatte. Oft waren es kleine Momente im Alltag, die den Unterschied zwischen einem guten und einem schlechten Tag ausmachten. Mein Vater liebte es, wie schon sein Vater vor ihm, unterwegs andere Menschen anzusprechen. Als Kind fand ich das peinlich, heute schwelge ich selbst darin. Erst neulich wieder, als ich in einen Bus einstieg. Ein älterer Mann bot mir seinen Platz an. Ich bedankte mich und forderte ihn auf, sich dazuzusetzen:

„Ich rutsche etwas und dann finden Sie mindestens mit der Hälfte Ihres Gesäßes Platz!" Wir passten sogar beide auf den etwas breiteren Sitz. „Hoffentlich erdrücke ich Sie nicht", sorgte er sich. „Nein, und wenn, dann schreibe ich in mein Tagebuch: Heute von einem netten älteren Herrn gedrückt worden!" Er lachte und verabschiedete sich später mit Küsschen auf beide Wangen.

Und was kommt jetzt?

Nun ist mein Buch bald fertig und bereitet hoffentlich vielen ein paar Stunden Lesevergnügen. Lange bin ich mit meinem „geistigen Kind" schwanger gegangen, die Geburt war anstrengend und ich werde sicher noch einige Energie investieren, bis es auf eigenen Füßen steht. Ich bin mindestens so stolz darauf, wie ich auf die sechs Buben mit roten Haaren und Sommersprossen gewesen wäre, hätte ich sie zur Welt gebracht. Es wäre schön, wenn meine Lebensgeschichte andere dazu ermutigt, neue Wege zu gehen. Vielleicht werden sogar einige durch die Lektüre dazu angestiftet, sich in die Gesellschaft und die Politik einzumischen. Das wäre schon fast ein Hauptgewinn, denn es braucht uns alle, damit der Friede in Europa erhalten werden kann und die Welt zu einem besseren Ort wird.

Doch in die Freude über das fertige Buch mischt sich auch ein bisschen Wehmut. Eine sehr spannende Zeit mit vielen neuen Erfahrungen und einer intensiven Zusammenarbeit mit meinen Co-Autorinnen ist zu Ende gegangen. Irgendjemand, ich weiß nicht, wer, hat etwas sehr Tröstliches über Abschiede gesagt: „Nur mit leeren Händen kann man etwas Neues beginnen." Ich werde sicher nicht auf einer Liste unerfüllter Träume nachschauen, welcher als nächster dran ist. Auch die Radtour und das Buch inklusive Crowdfunding waren keine lang gehegten Träume. Ich war offen für Neues und ergriff die Gelegenheiten beim Schopf, als sie sich mir boten. Es waren kleine Impulse, die Größeres in Gang setzten. Die Frage eines Fahrradhändlers führte dazu, dass ich von München nach Rügen radelte. Die Begeisterung der Schulkinder motivierte mich, das Buch endlich anzupacken. Ein Frühstückstreffen stiftete mich dazu an, Crowdfunding zu wagen. So lasse ich es auch jetzt auf mich zukommen, was das Leben mir noch an Überraschungen zu bieten hat. Etwas ist schon absehbar: Ich möchte mit dem Buch auf Lesereise gehen. Vielleicht wird es sogar eine größere Lese-Radtour. Wer weiß, vielleicht finanziere ich sie auch mit Crowdfunding ...

Einen Traum allerdings hege ich doch. Ich verdanke ihn einer Sendung von „Terra X" über Völkerwanderungen. Darin wurde gezeigt, wie die Menschheit im Laufe ihrer Geschichte auf der Suche nach einem besseren Leben ständig umhergezogen ist und sich dabei kräftig vermischt hat. Ich verbrachte Teile meiner Kindheit in Sachsen, wohne seit nunmehr siebenundfünfzig Jahren in Bayern und besitze einen deutschen Pass. Was bin ich nun – eine Sächsin, eine Bayerin oder eine Deutsche? Sind wir genetisch gesehen nicht alle eine bunte Mischung? Stammen wir nicht alle von Migrantinnen und Migranten ab, wenn wir in der Geschichte zurückgehen? Mehr über dieses Thema zu erfahren und einmal persönlich mit Dirk Steffens auf Forschungsreise zu gehen – das wäre wirklich traumhaft!

Versuche ich mir eine Vorstellung davon zu machen, wie mein Leben in fünf Jahren aussehen könnte, sehe ich folgende Bilder vor meinem inneren Auge: Ich wohne in einem generationenübergreifenden Wohnprojekt mit Menschen aus unterschiedlichen Kulturen im neuen Prinz-Eugen-Park. Für viele im Quartier bin ich einfach die „Oma Gunda". Sehen sie mich, dann rufen sie: „Gunda (oder vielleicht auch Oma), darf ich zu dir kommen?" Dann rufe ich zurück: „Ja, gern." Vielleicht lautet die Antwort manchmal auch: „Heute nicht", denn ich nehme mir die Freiheit, ganz nach Tagesform zu entscheiden. Ich radle noch immer mit meinem Easy Rider durch die Gegend, allerdings bin ich etwas gemütlicher unterwegs als heute. In manchen Dingen wird

Rücksicht auf mein Alter genommen. So kann man mich immer fragen, ob ich etwas übernehme oder irgendwo mitmache, doch auf allen Hochzeiten tanze ich nicht mehr.

In wenigen Monaten feiere ich meinen achtzigsten Geburtstag. Wenn ich so alt würde wie mein Vater, dann hätte ich noch knapp elf Jahre vor mir. Wie viel Zeit mir tatsächlich noch bleibt und was ich damit anstelle, das wird sich zeigen. Ich bin dankbar, dass ich wie mein Vater, als er alt war, von ganzem Herzen sagen kann: Es war gut, so wie es war.

Das Reisetagebuch

Mit Dreirad und Dackel von München nach Rügen

Freitag, 21. August 2009
Von München nach Freising

Endlich unterwegs. Zum Glück ist die erste Etappe überschaubar. Mehr hätte ich heute auch nicht geschafft, nach der Pressekonferenz im Prunkhof, dem Trubel auf dem Marienplatz und dem Radlcorso mit Münchens 3. Bürgermeister, Fans und der Polizei quer durch die Stadt. Einige aus meinem Begleittross radeln mit mir bis nach Freising. Kurz bevor wir dort angekommen sind, besuchen wir noch einen Bio-Bauern. Auf seinen Feldern besorgen Regenwürmer das Umpflügen! Was zum Trinken für die ausgedorrten Kehlen, zur Stärkung ein köstlicher Käse aus eigener Herstellung, eine kurze, aber spannende Führung – und schon geht es weiter. Am Freisinger Marienplatz treffe ich den zweiten Bürgermeister an diesem Tag. Er erwartete mich dort zusammen mit der Presse. Die Gepäckkiste aus Aluminium hinten auf dem Easy Rider wird mit dem Stadtwappen verziert und der Lenker mit dem Bären aus dem Freisinger Wappen. Sausers Bedürfnisse gehen in dem Trubel unter. Aus lauter Not macht er sein Häufchen mitten auf den Marktplatz und schaut mich dabei schuldbewusst an. Schnell in die Tüte gepackt, und alles ist wieder gut.

Samstag, 22. August 2009
Ruhetag in Freising
   Nach den Aufregungen von gestern tut es gut, heute zur Ruhe zu kommen. Außerdem ist das Wetter unbeständig. Obwohl Sauser nicht gut zu Fuß ist, bezwingen mein vierbeiniger Kamerad und ich zwischen zwei Regengüssen den Domberg. Später, beim Mittagessen, springt mir im Freisinger Teil der Süddeutschen Zeitung ein Foto ins

Auge. Darauf kniet Bürgermeister Zierer vor Sauser und mir – was für eine Ehre! Die Wirtin schenkt uns die Zeitung. Weitere Besichtigungen entfallen: Mein Dackelchen ist müde und ich habe keinen Stadtplan. Den nahm Andi gestern aus Versehen mit den Geschenken nach München mit. Vor dem Schlafengehen ziehen Sauser und ich eine letzte Runde ums Hotel, durch enge Gässchen und vorbei an einem munter rauschenden Bach.

Sonntag, 23. August 2009
Von Freising nach Pfaffenhofen
Silke, die an der Deutschen Journalistenschule in München studiert, begleitet mich ein Stück der nächsten Etappe. Das Interview, das sie vorher mit mir führen möchte, gestaltet sich schwierig. Das hoch sensible Mikrofon nimmt statt meiner Stimme fast nur Nebengeräusche auf. Es braucht einige Versuche an unterschiedlichen Standorten, bis Silke mit der Aufnahme zufrieden ist. Nach einigen Schlenkern durch die Stadt finden wir den Ammer-Amper-Radweg, wechseln später auf den Amper-Altmühltal-Radweg und kreuzen den Hallertau-Rundradweg. Der Zustand der Radwege ist oft abenteuerlich, zumindest für mein Dreirad. Der erste Akku ist binnen kurzem leer. Natürlich muss ich ausgerechnet an einer Steigung auf den zweiten umschalten. Bei Petershausen verabschiedet sich Silke.

Nun heißt es für mich, alleine weiter zu radeln. Ich bin ängstlich und, als ich irgendwann fast umkippe und mich mit den Füßen abstützen muss, den Tränen nahe. Hoffentlich ruiniere ich mir mein Dreirad nicht! Völlig fertig erreiche ich den vereinbarten Treffpunkt in Reichertshausen. Als drei Menschen vom Wirtsgarten her auf mich zukommen, fühlt es sich so an, als würde mir eine Rettungsleine zugeworfen. Eine der drei, die mich an Land ziehen, ist Monika Schratt, die 3. Bürgermeisterin von Pfaffenhofen. Sauser wird mit Wasser versorgt und ich mit einem Erfrischungsgetränk. Die Weiterfahrt auf einem ebenen Radweg bis zum Marktplatz von Pfaffenhofen ist die reinste

Erholung. Als ich die wartende Menschenmenge sehe, kann ich es kaum glauben: Sind die Menschen wirklich alle wegen mir und Sauser hier? Es ist tatsächlich so. Ich erfahre, dass ich die Fangemeinde einem großen Vorabbericht über meine Fahrt im Donaukurier verdanke.

Montag, 24. August 2009
Von Pfaffenhofen nach Ingolstadt
Meine Begleiter für die heutige Etappe treffen auf schnittigen Rennrädern ein. Auf kleinen, asphaltierten Straßen fliegen wir geradezu durch die Landschaft, Alois und Sebastian immer vorne weg. Ein Hochgenuss! Für die beiden geht es wahrscheinlich eher im Schneckentempo dahin, doch das lassen sie sich nicht anmerken. Irgendwann klingelt mein Handy. Es ist Radio Charivari, sie verulken mich nach Strich und Faden. Spaß muss sein, außerdem ist Lachen die beste Medizin. Nach zwei Stunden Fahrt stehen wir vor dem Rathaus in Ingolstadt. Ich bin stolz, als ich unsere erreichte Durchschnittsgeschwindigkeit erfahre: fast 17 km/h. Ich bedanke mich bei Alois und Sebastian. Sie radeln gleich zurück, denn ihre Enkel wollen noch etwas mit ihren Opas unternehmen. Als ich durch die Stadt schlendere, werde ich angesprochen: „Sind Sie die Frau, die nach Rügen radeln möchte? Wo ist denn Ihr Dackel?", fragt mich eine Passantin. „Ich habe ihn in der Touristikinformation abgelegt", erkläre ich. Sie begleitet mich dorthin. Sauser bekommt ein Leckerli, nachdem sie uns fotografiert hat. Zum Abschied wünscht sie uns viel Glück.

Dienstag, 25. August 2009
Ruhetag in Ingolstadt
Heute dürfen wir einen Ruhetag einlegen. Genügend Zeit also, um die nächste Etappe gut vorzubereiten. Eine Mitarbeiterin der Tourismusinformation hat sich über den Zustand des Altmühltal-Radwegs kundig gemacht. Er ist nicht asphaltiert, erfahre ich. Also werde ich mich mutig entlang der Bayerischen Bierstraße bis nach Kinding han-

geln. Den Versuch, Fotos ins Tour-Tagebuch einzufügen, breche ich frustriert ab. Zwar gelingt es mir, sie auf den Laptop hochzuladen, aber in meinem Blog zur Tour wollen sie partout nicht erscheinen. Statt mich mit der Technik rumzuschlagen, steht mir der Sinn mehr danach, Ingolstadt zu erkunden. Tapfer tippelt Sauser neben mir durch die Fußgängerzone. Für seine feine Hundenase gibt es hier jede Menge unbekannter Düfte zu entdecken. Ob sich noch jemand findet, der morgen mitradelt? Das wäre schön.

Mittwoch, 26. August 2009
Von Ingolstadt nach Kinding

Die Aufregung treibt mich früh aus dem Bett. Um neun Uhr ist das Gepäck verstaut und die Wasserflasche gefüllt – es kann losgehen. Der Himmel ist grau, es ist Regen angesagt. Heute bin ich alleine unterwegs. Das Navi führt mich am Audi-Werk vorbei nach Norden. Auf kleinen Landstraßen geht es munter bergauf und bergab. Der Elektromotor schnurrt, kein Sand, Kies oder Schotter lässt ihn kraftlos durchdrehen. Es fängt zu regnen an. Kein Problem, kurz angehalten und schon bieten mir Regenhose und Regenjacke Schutz. Das Segeldach über Sauser hält auch dicht. Er zieht die Nase ein, damit sie trocken bleibt. Wir passieren Kipfenberg, den geografischen Mittelpunkt Bayerns. Für die letzten fünf Kilometer wage ich mich wieder auf den Altmühltal-Radweg. Kurz vor dem Etappenziel machen wir eine ausgiebige Brotzeitpause. Eine Grille hüpft auf den Vorderreifen und leistet uns Gesellschaft.

Pünktlich um 15 Uhr rollen wir auf den Marktplatz von Kinding. Dort wartet bereits der Bürgermeister des 600-Seelen-Orts, die Presseverantwortliche stößt kurz darauf dazu. Bei der offiziellen Begrüßung im Standesamt – keine Sorge, ich bin nicht auf Abwege geraten – erfahre ich viel über die Gemeinde und ihre Sehenswürdigkeiten. Wenigstens die spätmittelalterliche Wehrkirche möchte ich mir morgen anschauen, für mehr bleibt leider keine Zeit. Bei einer Tasse Kaffee plausche ich im Garten meiner Unterkunft mit meinen Gastgebern über Landwirtschaft, Ökologie und das leidige Rententhema. Sauser stößt bei seinem Rundgang auf die beiden Katzen des Hauses. Er schaut erst verdutzt und rast dann hinter ihnen her, wie ein Jungspund. Die Schwalben fliegen hoch, das verspricht gutes Wetter für die nächsten Tage.

Donnerstag, 27. August 2009
Von Kinding nach Hilpoltstein

Langsam hält Routine Einzug. Eine Runde mit Sauser gehen, frühstücken und das Rad beladen – um neun Uhr winke ich meinen Gastgebern zum Abschied zu. Die beeindruckende Wehrkirche liegt in der Morgensonne. Nach einem kurzen Rundgang um das historische Gebäude nehme ich die heutige Etappe unter die Räder. Mir wurde empfohlen, bis Greding auf dem Radweg zu bleiben, denn die Landstraße sei eng, steil und sehr gefährlich. Oh je – es ist ein unbefestigter Sandweg entlang der Autobahn. Da bedarf es einiger Muskelkraft, um voranzukommen. Vor allem ohne Motorunterstützung. Das spar ich mir auf, wer weiß, was noch alles auf mich zukommt. Die Auskunft eines entgegenkommenden Radlers über den Zustand des Wegs lässt mich schnurstracks zur Landstraße abschwenken. Dort geht es – jetzt mit Motorunterstützung – flott voran. Erst nach 30 Kilometern ist der erste Akku leer, auf dem unbefestigten Radweg wäre ich nicht so weit gekommen!

Es ist unangenehm warm, vor allem für Sauser. In Thalmässing legen wir eine Pause ein. Bevor es weitergeht, befragt mich eine Familie – sie haben mich aufgrund eines Fotos in der Zeitung erkannt – ausgiebig zu meinem Dreirad und seiner technischen Ausstattung. Am frühen Nachmittag erreiche ich das Gasthaus, in dem mich die Gemeinde Hilpoltstein untergebracht hat. Der Easy Rider übernachtet im Fahrradschuppen. Dort werden auch die Akkus geladen, das werde ich ab jetzt jeden Abend so handhaben. Noch während ich den redlich verdienten Eiskaffee im Wirtsgarten genieße, stöbern mich die Vertreterin der Stadt Hilpoltstein und ein Journalist auf. Er hat sich sehr gut auf das Interview vorbereitet und löchert mich mit Fragen. Schade, dass ich morgen schon weiterziehen muss, in dem großen, barrierefreien und angenehm kühlen Zimmer könnte ich es gut ein paar Tage aushalten. Bevor ich ins Bett gehe, lese ich noch die Grüße, die Fans in meinem Blog hinterlassen haben. Es tut gut, diese Welle der Sympathie zu spüren.

Freitag, 28. August 2009
Von Hilpoltstein nach Roth
   Nach dem Frühstück erscheint Dr. Thomas Banning, einer der Vorstände der Naturstrom AG, das Unternehmen ist einer der Sponsoren meiner Tour. Zum Tross in seinem Schlepptau gehören Journalisten, Fotografen und Frederik, der morgen mit mir von Roth nach Nürnberg radeln wird. Der Bürgermeister von Hilpoltstein, inzwischen auch eingetroffen, begrüßt mich herzlich. Ich beantworte Fragen der Presse und lasse mich geduldig von allen Seiten ablichten. Bevor ich mich aufs Dreirad setze, gibt es noch ein paar bürgermeisterliche Abschiedsworte und zwei Flaschen Holundersaft zur Stärkung. Am Main-Donau-Kanal angekommen, gleite ich mit Motorunterstützung munter am Wasser entlang. Nur wenige Radlerinnen und Radler sind unterwegs. Ein Kranich fliegt vorbei und Enten tummeln sich auf dem Wasser. Rechts und links des Kanals entdecke ich die typischen Kiefernwäldchen der Gegend. Ich habe Muße, ein paar Fotos zu schießen. Sauser darf aus dem Körbchen, um ein paar Schritte zu laufen, will er aber nicht.
   Inzwischen stemme ich zehn Kilometer mit links. So richtig in Schwung gekommen, schieße ich doch glatt über das Ziel hinaus und an Roth, meinem heutigen Etappenziel, vorbei. Kein Wegweiser weit und breit. Zum Glück treffe ich Wanderer, sie helfen mir weiter. Ihre Beschreibung führt mich an Maisfeldern entlang, durch einen kleinen Ort hindurch und durch einen Kiefernwald zielsicher bis zum

gesuchten Hotel. Das Timing ist perfekt: Zugleich mit mir treffen die stellvertretende Bürgermeisterin von Roth und ein Vertreter des Tourismusbüros ein. Nach der Begrüßung unterhalten wir uns angeregt bei einem Mittagessen.

Die erste Woche ist vorbei. Verena soll heute mit frischer Wäsche eintreffen. So eine Überraschung – plötzlich sehe ich Inge um die Ecke lugen! Wie schön, sie hat Verena mit dem Auto hergefahren. Rasch die frische Wäsche aus- und die gebrauchte einpacken, danach ratschen wir vergnügt, bis die beiden zurückfahren. Als ich von der Gutenachtrunde mit Sauser zurückkomme, sitzt der Ortsstammtisch noch zusammen. Die Männer haben schon etliche Bierchen intus und lassen mich nicht ungeschoren vorbei. Zu ihrer Erheiterung gebe ich ihnen mit ein paar witzigen Sprüchen kräftig Kontra. Das ist meine gute Tat für heute: ein paar Menschen zum Lachen gebracht.

Samstag, 29. August 2009
Von Roth nach Nürnberg
Während ich auf Frederik warte, hole ich den Eintrag im Tagebuch von gestern nach. Als ich den Text abspeichern will, heißt es plötzlich „error" und alles ist weg – grrrr! Wer keine Arbeit hat, macht sich welche. Da klingelt mein Handy: Es ist Marcus Müller, der schon den Tourstart in München im Film festgehalten hat. Er möchte unterwegs und beim Infostand von Naturstrom im Nürnberger Zentrum Aufnahmen machen. Frederik ist inzwischen eingetrudelt und wir radeln los. Wunderbar – pures Genussradeln am Kanal entlang. Luxus-Schiffe kommen uns entgegen. Von Bord des ersten winken uns Menschen fröhlich zu, das zweite sieht ziemlich unbevölkert aus. Wir erfragen unterwegs, wo wir genau sind, und geben es Marcus durch. Jetzt muss der Zufall helfen, dass wir zusammenfinden. Hunger meldet sich, also verlassen wir den Kanal und folgen einem Wegweiser zu einem Biergarten. Plötzlich hupt es hinter uns – es ist Marcus! Bei einer Brotzeit unterhalten wir uns angeregt über Umweltschutz und

Ökostrom. Wir sind uns einig: Viele wechseln aus Unwissenheit und/oder aus Bequemlichkeit nicht den Stromanbieter. Ich habe es gewagt, ab Oktober bin ich Kundin bei Naturstrom.

Jetzt heißt es in die Pedale treten. Marcus begleitet uns bis kurz vor die Stadtgrenze und filmt dabei auf Teufel komm raus. Auf dem Hauptmarkt im Zentrum werden wir am Stand von Naturstrom mit viel Hallo begrüßt. Auch hier sind ein Fotograf und ein Reporter zur Stelle. Die aus München angereiste Truppe von Green City verteilt schon eifrig Flyer. Marcus filmt alles, auch, wie ich gerührt meiner „Lebensfreundin" Monika um den Hals falle. Als sich ein Easy Rider nähert, muss ich natürlich sofort hin. Es wird ausgiebig gefachsimpelt. Als es kalt wird, bauen wir den Infostand ab. Theresa begleitet mich mit dem Rad zu meiner heutigen Unterkunft. Der Wind ist so heftig, dass wir Mühe haben, den Stadtplan immer wieder einzufangen. Die Hotelcrew empfängt uns sehr herzlich. Nicht nur Sauser und ich werden verwöhnt, auch der Easy Rider. Er darf im Gepäckraum des Hotels schlafen.

Sonntag, 30. August 2009
Von Nürnberg nach Erlangen

Das Fahrrad steht in der Hotelhalle, Sauser schläft vor der Sitzgruppe. Ich plaudere mit dem Portier und warte auf Frederik. Vom Hotel aus hangeln wir uns bis zum Stadtrand durch. Der Radweg, dem wir heute folgen, führt uns zuerst an der Pegnitz und später an der Regnitz entlang. Wunderbar schattig ist es. Es ist Sonntag und einiges los. Viele radeln oder joggen mit verbissenen Gesichtern vor sich hin. Seltsam – sollte Sport nicht Freude machen? Eine Herde Wildgänse quert im Gänsemarsch gemächlich unseren Pfad und platscht mit Getöse in das Flüsschen. Wir schaffen die 25 Kilometer in knapp eineinhalb Stunden und erreichen beinahe pünktlich die Fußgängerzone in Erlangen. Der Infostand von Naturstrom steht bereits. Auch der Verein Solarmobil ist mit von der Partie, sie begrüßen mich herzlich. Jetzt heißt es für mich „ran an die Arbeit". Das Verteilen der Flyer und Ansprechen von Menschen macht richtig Spaß. Es gibt positives Feedback, einzelne reagieren aber auch richtig „muffig". Ich komme mit einem Russen ins Gespräch, einem Übersetzer aus St. Petersburg. Er ist begeistert von meinem Vorhaben. Seine Mutter sei auch 70 Jahre alt, erzählt er mir, bevor er sich verabschiedet.

Ortsansässige erzählen mir, dass in Erlangen Fahrräder immer Vorfahrt genießen. Hallo, das nenne ich eine wahre Fahrradstadt, davon kann sich München ein paar Scheiben abschneiden! Später wird noch gefilmt, wie ich an einer der Solartanksäulen vor dem Hotel die Akkus zum Aufladen anhänge. Es braucht mehrere Versuche, bis „Regisseur" Dr. Thomas Banning zufriedengestellt ist. Der Empfang im Hotel ist unglaublich: Über dem Eingang prangt ein Schild mit der Aufschrift „Herzlich willkommen in Erlangen, Frau Gunda Krauss und Sauser". Aber es kommt noch besser: In unserem Zimmer stehen für mein Dackelchen ein rotes Hundesofa und ein Napf bereit, und auf dem Bett liegt ein Herz mit einem Willkommensgruß.

Montag, 31. August 2009
Ruhetag in Erlangen

Über eine Woche liegt hinter mir – es ist Zeit für eine erste Bilanz. Das Dreirad ist stabil und wunderbar bequem. Doch trotz des stärkeren Rahmens, der eingebaut wurde, ist der Easy Rider vermutlich nicht für diese Belastung konzipiert. Voll beladen fällt das Treten so schwer, dass ich häufig Motorunterstützung brauche. Sich lang hinziehende oder steile Steigungen schafft der Motor nur mit Müh und Not. Das verunsichert mich. Die bisher genutzten Radfernwege sind zum großen Teil für ein Dreirad ungeeignet. Es wäre gut, den Zustand der Radwege aus den entsprechenden Karten oder vom Navi ablesen zu können. Auch Kilometerangaben bis zum nächsten Ort wären hilfreich. Ich liebe technische Geräte, aber mein Navi hat seine Tücken: Die Schrift und die Symbole sind zu klein, das Display blendet und in Ortschaften ist die Routenführung nicht immer zuverlässig. Die

Radwege in Gemeinden und Städten sind oft eng und windschief. Das wird vor allem dann zum Problem, wenn ich „eiligen" Radlerinnen oder Radlern begegne. Genug resümiert, jetzt genieße ich den restlichen Ruhetag bei herrlichem Wetter mit meiner Freundin Monika. Zusammen erkunden wir in ihrem Auto die Umgebung. Ruhige Landstraßen schlängeln sich auf und ab, überall sind Schlösser zu sehen. Ein wunderschöner, erholsamer Tag geht zu Ende.

Dienstag, 1. September 2009
Von Erlangen nach Forchheim
Vor der Abfahrt werden für das Gästebuch des Hotels ein paar Fotos geschossen. Ich habe mich bereits gestern darin verewigt, ein paar Seiten nach der Autogrammkarte und Widmung von Axel Schulz, dem Boxer. Gehöre ich jetzt etwa zur Prominenz? Fast das gesamte Hotelteam winkt mir zum Abschied mit weißen Tüchern zu. Heute ist es nicht nur warm, es ist unangenehm heiß! Robert begleitet mich heute, der Sohn von Dr. Thomas Banning. Er kennt sich in Erlangen aus, so finden wir schnell aus der Stadt heraus. Später verlieren wir den Radweg, als plötzlich die Beschilderung verschwunden ist, und landen auf einem Trainingsplatz für Hunde. Macht nichts, das Navi leitet uns zum Main-Donau-Kanal. Ich wechsle ständig von der rechten auf die linke und von der linken auf die rechte Seite des Wegs, um nicht in jedem Schlagloch auf dem Regnitz-Radweg zu landen.

Obwohl wir am Wasser entlangfahren, ist kein kühler Luftzug zu spüren. Ich schalte den Motor an, um schneller voranzukommen. So gibt es eine frische Brise für Sauser und wir können am Ausee eine längere Pause einlegen. Sauser erfrischt sich im Wasser. Er schnüffelt begeistert umher, gräbt, schnaubt und niest. Er scheint sich wohl zu fühlen. Da noch genügend Zeit ist, machen wir einen Abstecher nach Baiersdorf, bekannt als die Meerrettichstadt. Die Tafel am Ortsanfang informiert über die Wasserräder entlang der Regnitz. Mit einer großen Portion Eis kühlen wir uns von innen ab.

Mit einem PS unterwegs

Wir fahren weiter, kein Schatten, nur pralle Sonne. Überall sammeln sich störende Schweißperlen. An der Schleuse in Hausen beobachten wir, wie erst ein kleines Boot und dann ein großer Schlepper abgesenkt werden. Kurz darauf kommt der nächste Treffpunkt in Sicht, ein Reiterhof mit einer riesigen Photovoltaik-Anlage auf dem Dach. Ein Journalist und Mitarbeitende von Naturstrom erwarten uns schon. Bei Kaffee und Zwetschgendatschi erfahre ich einiges über die Arbeit des Unternehmens. Es gehörte zu den ersten Ökostrom-Anbietern in Deutschland. Ob es sich wohl lohnen würde, so eine Photovoltaik-Anlage auf dem Dach unseres Hauses im Cosimapark zu installieren? Die anderen bauen den Infostand ab und packen alles ein. Ich muss für ein paar Fotos quer über den Hof zu den Pferdeställen radeln. Die Akkus sind inzwischen auch wieder geladen. Rundum gestärkt machen wir uns zu meiner Unterkunft in Forchheim auf.

Der kurze Spaziergang vom Hotel in die Stadt ist anstrengend für Sauser. Das Pflaster ist glühend heiß – es muss sich für ihn anfühlen, als würde er über glühende Kohlen laufen! Also trage ich ihn ein Stück. Die Hitze treibt uns schnell zurück. Wir können das Fenster im Hotelzimmer nicht öffnen, weil es draußen noch so heiß ist. Der Fernseher lässt sich auch nicht anschalten. Und dann ist noch nirgendwo ein Telefon zu finden, um die Rezeption anzurufen. Dabei heißt es im Serviceheft: „Betriebszeit an der Rezeption 24 Stunden am Tag, wählen Sie vom Zimmer 555". Hat die Hitze etwa mein Hirn aufgeweicht?

Mittwoch, 2. September 2009
Ruhetag in Forchheim
Sauser und ich sind vom gestrigen Tag erledigt. Deshalb fällt der Ausflug in die Umgebung aus. Stattdessen lerne ich die Stadt kennen. Sauser darf im Büro von Naturstrom bleiben und sich ausruhen. Jetzt spiele ich mal Stadtführerin und erzähle, was ich in einer Broschüre und bei dem Rundgang alles über Forchheim erfahren habe: Die Braukunst hat hier eine lange Tradition. In den zerklüfteten Stollen des Kellerbergs reifte und lagerte früher das Bier der vielen Brauereien der Stadt. Heute beherbergen die Höhlen über zwanzig Bierkeller mit großen Biergärten. Im Juli wird dort alljährlich das „Annafest" gefeiert. Die Altstadt ist voller wunderschöner Fachwerkhäuser. Die 1698 mit reichem Zierfachwerk errichtete Kammerersmühle wird „Schiefes Haus" genannt, weil sie so krumm dasteht. Etwas hat mir besonders gut gefallen: Das Rathaus, ein spätgotischer Fachwerkbau aus dem Jahr 1402, wird im Dezember zum „schönsten Adventskalender der Welt". Dann öffnet vom 1. bis 24. Dezember der Forchheimer Weihnachtsengel jeden Tag eines der geschmückten Fenster. Das würde ich gerne einmal sehen!

Donnerstag, 3. September 2009
Von Forchheim nach Bamberg
In der Nacht hat es geregnet. Beim Frühstück klingelt das Handy: Eine Bekannte aus München fragt, wie es uns geht. Die Familie am Nebentisch hat mitgehört und die Mutter fragt mich, ob das Gefährt draußen mir gehört. Ich erzähle von meiner Tour und erfahre, dass sie auch mit Fahrrädern unterwegs sind. Kein Wunder, dass sie hier übernachtet haben, empfiehlt doch der ADFC, der Allgemeine Deutsche Fahrrad-Club, unter seinem Qualitätssiegel „Bett & Bike" das Hotel. Mir scheint, Franken ist eine ausgesprochen radfreundliche Region im Freistaat Bayern.

Heute habe ich eine Begleiterin, Judith. Sie führt uns ohne Umwege direkt zum Main-Donau-Kanal. Dicke dunkelgraue Wolken segeln behäbig am Himmel entlang, ein leichter Wind weht – das ideale Wetter. Da kann doch nichts mehr schiefgehen. Von wegen! Den leicht sandigen Weg und selbst holperige Feldwege meistere ich inzwischen mit Motorunterstützung recht gut. Doch die Ausschilderung – sie führt uns mehrmals in die Irre. Da hilft nur fragen und umkehren. Wir treffen zweimal auf eine Mutter und ihre beiden Buben, die trotz Karte auch umherirren. Ein Autofahrer hilft uns aus der Bredouille. Als wir wieder nach dem Weg fragen müssen, bekomme ich zu hören: „Sie kenne ich doch aus der Zeitung! Da geht es lang, gute Fahrt."

Zwischendurch müssen wir die Regenkleidung auspacken, doch es ist erträglich. In Hirschaid genehmigen wir uns eine Pause. Ein Mäuschen lugt keck aus seinem Loch. Es lässt sich auch mit Hundefutter nicht herlocken. Plötzlich hält ein Wagen am Damm. Ein Mann steigt aus, geht zum Wasser, leert eine Tüte mit verschimmeltem Brot aus und fährt davon. Judith und ich sehen uns ungläubig an – also wirklich! Der Spuk war so schnell vorbei, dass wir gar nicht reagieren konnten. Bei der Weiterfahrt leuchtet eine Kontrolllampe rot auf. Sollte einer der Akkus schon nach etwas mehr als 20 Kilometern schlapp machen? Das Navi mag auch nicht mehr, die Batterien sind leer. Ich werde nervös: Hoffentlich reicht die Ladung des zweiten Akkus bis zum Fahrradladen in Bamberg, unserem nächsten Ziel.

Ich habe mir ganz umsonst Sorgen gemacht, wir kommen gut an. Stefan verwöhnt uns mit Kuchen und hört sich meine Befürchtungen wegen des Akkus an. Wir beschließen, dass er das Dreirad durchcheckt. Wie gut, dass für morgen ein Ruhetag eingeplant ist. Judith verabschiedet sich und radelt zurück nach Forchheim. Sauser und ich nehmen uns samt Gepäck ein Taxi zum Hotel. Es ist der totale Zivilisationsschock: rundum keine Natur, stattdessen eine befahrene Ausfallstraße und ein kleines Einkaufszentrum mit Bowlingbahn. Verena für den zweiten Wäschewechsel aus München angereist, trifft ein. Wir fahren zum Abendessen in die Altstadt, da das Hotelrestaurant geschlossen ist. Sauser darf nicht in die Gaststube, also sitzen wir draußen und hüllen uns in unsere Strickjacken. Zurück im Hotel, klopft es an meiner Tür. Es ist Verena, mit einem Flachmann in der Hand, gefüllt mit Whisky! Na denn Prost, doch noch nicht schlafen …

Freitag, 4. September 2009
Ruhetag in Bamberg

Die Sonne scheint und das Wetter scheint zu halten, also bleibt die Regenjacke im Hotel. Ich begleite Verena im Taxi zum Bahnhof, wo wir uns bis zum nächsten Treffen verabschieden. Der griesgrämig dreinschauende Fahrer fährt weiter zur Touristeninformation. Er mag keine Hunde, sie machen ihr Geschäft angeblich gerne in seinem Wagen. Im Laufe der Fahrt taut er auf, kann sogar lachen. Wir steigen aus, und was macht mein Sauser? Einen krummen Rücken und ein Häufchen auf den Bürgersteig! Ein Griff zur Plastiktüte in der Jackentasche und schon ist alles weggeräumt – für mich eine Selbstverständlichkeit. In der Touristeninformation bringe ich für die morgige Etappe den Weg Richtung Coburg in Erfahrung. Bei einem Spaziergang um das Alte Rathaus schieße ich ein paar Fotos. Die vielen Zweibeiner, die oft auch noch nach oben starren, irritieren meinen Vierbeiner. Sogar mich übersehen sie manchmal.

Abends bringt Stefan den Easy Rider zurück. Er hat das Dreirad nicht nur auf Herz und Nieren geprüft, ich bekomme obendrein auch noch Geschenke! Ein Reflektorband, das in Zusammenarbeit mit Werkstätten für behinderte Menschen aus einer LKW-Plane gefertigt wurde. Eine Plane reicht für 250 Bänder, meins hat die Nummer 23. Ich werde es in Ehren halten. Dazu bekomme ich noch kleine Zettel, die kann ich Autofahrern unter den Scheibenwischer klemmen, um sie „zurechtzuweisen", wenn sie auf Fahrrad- oder Gehwegen parken. Sauser schläft schon. Regen peitscht heftig gegen die Fenster. Lieber Petrus, habe morgen ein Einsehen mit uns!

Samstag, 5. September 2009
Von Bamberg nach Coburg
Mir ist etwas mulmig, denn heute bin ich alleine unterwegs. Frisch ist es auch, also kräftig in die Pedale getreten, damit mir warm wird. Schon geht die Sucherei nach dem Weg wieder los. Was nützt mir ein kleines weißes, kaum erkennbares Schild mit einem Fahrradsymbol und darunter ein Pfeil nach rechts und einer nach links – in welche Richtung soll ich denn nun fahren? Langsam habe ich die Faxen dick! Mit Hilfe des Navis taste ich mich Richtung Norden vor. In Kemmern gibt es endlich wieder eine ordentliche Beschilderung. Doch wie lange? Unterwegs treffe ich auf drei Radler aus Nürnberg, die nach Bayreuth wollen. Erst radelt mir der eine über den Weg, später der zweite und dann auch noch der dritte – sie haben sich aus den Augen verloren. Ob die heute noch zusammenfinden?

Noch 35 Kilometer bis Coburg. Das Dreirad läuft gut auf dem Itzgrund-Rodach-Radweg, er ist geteert und eben. Mich fröstelt und ich bekomme Lust auf eine heiße Suppe. Außerdem braucht Sauser seine Mittagsrunde. In Kaltenbrunn-Untermerzbach erspähe ich im ehemaligen Bahnhof des Ortes eine Pizzeria. Der letzte Zug hielt hier am 29. September 1975, lese ich. Der Bau der Schienenverbindung von Bamberg nach Meiningen wurde auf Betreiben Ludwigs I. im Jahr 1909 begonnen und die Strecke am 1. Oktober 1913 in Betrieb genommen, heißt es weiter. Der Chef des Restaurants ist begeistert, als ich ihm erzähle, was ich gerade treibe. Er möchte mehrere meiner Tour-Flyer zum Verteilen. Frisch gestärkt – auch Sauser bekam etwas Trockenfutter und Wasser – ziehen wir weiter.

Es dauert nicht lange, und schon lande ich wieder im Nichts. Weit und breit kein Wegweiser. Ich vermute, für die Wegbeschilderung sind die Gemeinden zuständig. Bei den oft leeren Geldsäckeln wird überall gespart – und als erstes an der Beschilderung der Radwege. Ich frage mich durch bis zu meinem heutigen Quartier, das mitten im Zentrum von Coburg liegt. Einchecken, Fahrrad in die Garage, Pullover aus der Kiste und dann starten wir zu einem Rundgang durch die Fußgängerzone. Sauser liest an allen Ecken neugierig die Nachrichten seiner Artgenossen und gibt Antwort. In Forchheim las ich in der Zeitung, die Karpfen seien reif. Also wähle ich zum Abendessen ein gebackenes Karpfenfilet. Wenn ich schon durch die Aischgründe radle, dann muss ich das doch probieren! Dazu gibt es ein Gläschen Bier. Je weiter nach Norden, desto stärker das Bier – das hatte ich völlig vergessen. Jetzt habe ich einen kleinen Schwips …

Sonntag, 6. September 2009
Von Coburg nach Friedrichshöhe

Heute Mittag reist meine „Tourmanagerin" Theresa aus München an. Sie wird Sauser und mich bis Jena begleiten. Ich freue mich, es ist einfach schöner, mit anderen zusammen unterwegs zu sein. Ich komme nicht ins Internet, als kann ich den weiteren Routenverlauf nicht vorbereiten und auch nicht die neuesten Mails lesen. Tausend Dank für eure vielen netten Nachrichten, liebe Fans! Einen Gruß nach Kleinmachnow, ich komme gerne bei euch vorbei. Sobald ich absehen kann, wann das ungefähr sein wird, sage ich euch per Mail Bescheid.

Sauser lässt mit einem „Wuff" ausrichten, dass er sich über die Grüße an ihn von „Dackeline" Torpedo gefreut hat. Und von wem war die Spende? Ein ganz herzliches Dankeschön auf diesem Weg.

Kaum ist Theresa angekommen, machen wir uns auch schon auf den Weg nach Friedrichshöhe. Unser nächstes Etappenziel liegt 800 Meter über dem Meeresspiegel. Schon vor der Tour hat mich der Gedanke an den Rennsteig in Angst und Schrecken versetzt: Er soll nicht gerade flach verlaufen. Wird mein Dreirad die Steigungen schaffen? Ich bin heilfroh, dass Theresa die nächsten Tage dabei ist. Zum Glück erreichen wir ohne größere Katastrophen unsere Herberge für die nächsten zwei Tage. Die Pension liegt oberhalb von Friedrichshöhe, umgeben von Wiesen und umsäumt von Tannen. Das Dach und die Fassade sind mit Schieferplatten gedeckt, weiße Fensterrahmen und rote Geranien lassen das Dunkelgrau freundlich aussehen. Wir sind unter dem Dach einquartiert. Für Sauser und mich, zwei alte Herrschaften, sind die steilen Treppen nicht leicht zu erklimmen. So übernimmt Theresa die Aufgabe, Sauser die Treppen rauf- und runterzutragen.

Montag, 7. September 2009
Ruhetag in Friedrichshöhe

Heute Nacht war es so ruhig, dass mir die Stille in den Ohren summte. Viel Schlaf fand ich nicht. Ich bin froh, dass ich heute nicht aufs Dreirad steigen muss. Wir erkunden den Ort, in dem die letzte Einraumschule aus DDR-Zeiten steht. Sie war bis ca. 1968 in Betrieb, heute beherbergt sie das Informationszentrum und die Verwaltung des Naturparks Thüringer Wald. Wir schauen uns Filme über das Leben der „Waldler" und die Entstehung des Naturparks an. Hier wurde früher Schiefer abgebaut, eine harte Arbeit. Heute lohnt sich der Abbau nicht mehr. Das Gestein wurde nicht nur für den Hausbau verwendet. Die Älteren erinnern sich gewiss an die quietschenden Griffel auf einer Schiefertafel! Erinnerungen an meine Schulkarriere werden wach, die im Herbst 1945 in Thüringen in einer Einraumschule ihren Anfang nahm. Lange kann ich ihnen nicht nachhängen, es gibt noch so viel zu sehen und zu erfahren.

Nach all dem Wissenswerten, das ich in mir aufgesogen habe, ist Entspannung angesagt. Die verschafft uns ein Heudampfbad, das Theresa und ich genießen. Das Heu stammt von den Wiesen rings um unsere Pension. Es besteht zu fast 70 Prozent aus Kräutern und Heilpflanzen und soll wohltuend für die Gelenke sein. Das kann nicht schaden, bei den vielen Kilometern, die ich noch zu strampeln habe. Nach zwei Saunagängen mit Ruhepausen werden wir in das nasse Heu eingepackt, das von unten erwärmt wird. Ich fühle mich danach wohlig warm und müde, die würzige reine Luft trägt sicher auch zu meinem Wohlbefinden bei.

Während Theresa auf ihrem Mountainbike den Rennsteig erkundet, wandern Sauser und ich durch den Ort. Nach ein bisschen Hin und Her darf er mit in die Gaststube. Ich gönne mir Hefeklöße mit Heidelbeeren, das schmeckt vielleicht gut! Die Bedienung fragt mich nach dem Woher und Wohin. Ich erzähle von meiner Tour, woraufhin sie das Gehörte gleich in der ganzen Gaststube verbreitet. Der thüringische Dialekt ist mir wohlvertraut, auch breites Sächsisch erkenne ich. Beides kenne ich aus meiner Kindheit. „Das geht aufs Haus, ich bin beeindruckt von Ihrem Vorhaben", bekomme ich zu hören, als ich zum Geldbeutel greifen will. Ich bin gerührt ob der spontanen Gastfreundschaft. Auf dem Weg zurück in die Pension fällt mir Goethes „Wanderers Nachtlied" ein: „Über allen Gipfeln ist Ruh' …". Wenn ich mich richtig erinnere, verfasste er es auf dem Kickelhahn bei Ilmenau. Wohlig geborgen in der mich umgebenden Ruhe, sinke ich ins Bett und lausche dem tiefen Rauschen des Windes in den Tannenwipfeln, bis ich einschlafe.

Dienstag, 8. September 2009
Von Friedrichshöhe nach Sitzendorf

Bevor wir uns nach der herzlichen Verabschiedung auf den Weg machen, organisiere ich mir noch rasch einen Aufkleber des Naturparks

Thüringer Wald für die Alukiste. Wir folgen dem ausgeschilderten Rennsteig-Radwanderweg, der parallel zum Wanderweg verläuft. Wir hören immer wieder ein fröhliches „Gut Runst", den hier üblichen Gruß, wenn sich Wanderer begegnen. Es duftet kräftig nach Tannen und ab und zu erhaschen wir einen herrlichen Ausblick auf die hügelige Landschaft. Mein Easy Rider holpert über den Forstweg dahin und der eine Akku ist bald leer. Bis Masserberg geht es eben oder leicht abwärts durch den Wald. An der Werraquelle verweilen wir einen kurzen Moment, das muss fotografiert werden! Ich atme auf, ab jetzt geht es auf einer asphaltierten Straße rasant abwärts bis Katzhütte weiter. Viele der Häuser in dem Ort stehen leer. Wir finden einen Lebensmittelladen, der geöffnet ist und kaufen eine kleine Brotzeit ein.

Schade, dass es hier so viele Baustellen gibt und dazu noch starken Autoverkehr. Außerdem verweisen ständig Schilder auf eine Sperrung der Straße: „Durchfahrt nur bis …" Theresa lässt sich nicht aus der Ruhe bringen. Irgendwann geht nichts mehr. Gelassen fragt sie nach dem Bauleiter, und – Simsalabim, wie im Märchen öffnet sich die Durchfahrt für uns. Ein Anruf von Bürgermeister Grothe hat dafür gesorgt. Er erwartet uns schon in Sitzendorf. Als Treffpunkt ist „am Schornstein" ausgemacht. Wir aber warten an der Touristeninformation, bis uns klar wird, dass wir auf das Fabrikgelände der Porzellanmanufaktur müssen. Nichts wie hin. Der Bürgermeister, sein Stellvertreter, zwei Damen vom Tourismus- und Heimatverein und der Lokalredakteur bereiten uns einen großartigen Empfang. Sauser bekommt aus einer Porzellanschüssel (!) Wasser und auch wir werden mit Getränken versorgt.

Die Sitzendorfer Porzellanmanufaktur ist die Wiege des Thüringer Porzellans. Bei der Führung begegnete uns als erstes ein alter Bekannter aus Bayern: König Ludwig II., mit einem wallenden Mantel. Die Blumenmädchen mit Spitzenröckchen und Körbchen, gefüllt mit winzig kleinen Röschen, verlangen bei der Herstellung besonders viel Fingerspitzengefühl. Beim Rundgang durch das Heimatmuseum entdecke ich Dinge, an die ich mich aus meiner Kindheit erinnere: alte Traktoren, Möbel, Kleidung und vieles mehr. Wir wandern weiter zur Touristeninformation, die nicht nur die älteste, sondern auch die kleinste Dampfmaschine der Welt beherbergt. Wir bewundern Schmetterlinge, Wald- und Fabeltiere, Griffel und erfahren etliches über das Goldwaschen in der Schwarza. Das Goldfieber lässt grüßen – im goldreichsten Fluss Deutschlands wurden 1999 drei Nuggets gefunden! In unserer Unterkunft essen wir gemeinsam zu Abend und diskutieren noch lange über das Potential und die Probleme der Region. Erschöpft falle ich ins Bett.

Mittwoch, 9. September 2009
Von Sitzendorf nach Bad Blankenburg
Nach einem ausgiebigen Frühstück und einer herzlichen Verabschiedung rollen wir an der Schwarza entlang. Rechts von uns fließt gemächlich der dunkle Fluss, links geht es steil bergan. Die Sonne scheint durch die in allen Schattierungen gefärbten Blätter. Schon bald erreichen wir den Ortseingang von Bad Blankenburg. Ein Mann ruft uns zu: „Sie sind richtig!" Es ist Bürgermeister Persike. Wir setzen uns auf eine Bank und er erzählt uns, dass hier, im Babygarten, für jedes Neugeborene ein Apfelbäumchen gepflanzt wird. Kinder spielen in Bad Blankenburg eine wichtige Rolle. Kein Wunder, hat doch hier der Reformpädagogen Friedrich Fröbel im Jahr 1840 den weltweit ersten pädagogischen Kindergarten gegründet. Auf seinem Fahrrad begleitet uns der Bürgermeister zu unserer Unterkunft. Bei einem Mittagsimbiss erfahren wir noch mehr über das Städtchen und was alles für seine Einwohnerinnen und Einwohner getan wird. Nicht nur für die ganz jungen, auch für Bedürfnisse der Älteren haben die Stadtoberen ein offenes Ohr.

Am Nachmittag holt uns Bürgermeister Persike zu einer Besichtigungsfahrt durch seine Stadt und die Umgebung ab. Vorher geht es zum Pressetermin ins Rathaus. Auf dem Marktplatz ist gerade Jugendwoche mit Spiel und Spaß. Viele Kinder begrüßen ihren Bürgermeister fröhlich. Man merkt, dass sie ihn mögen, und dass er Kinder mag, das spürt man auch. Bad Blankenburg ist auch Deutschlands einzige Lavendelstadt. In der Umgebung wurde vor 200 Jahren gewerbsmäßig Lavendel angebaut. Noch heute gibt es ein großes Lavendelfeld und jedes Jahr wird beim Lavendelfest eine Lavendelkönigin gewählt. Wir fahren hinauf zur Burg Greifenstein. Dort besichtigen wir die Prunkräume und bewundern die herrliche Aussicht auf die sanften Hügel des Thüringer Waldes. Zur Burg gehört auch eine Falknerei. Der Falkner, der aus Ebersberg stammt, zeigt uns die Greifvögel. Einem Uhu darf ich sogar über sein Federkleid streichen. Nach einem ereignisreichen Tag schlafe ich abends mit dem Ruf eines Waldkäuzchens im Ohr ein.

Donnerstag, 10. September 2009
Von Bad Blankenburg nach Kahla
  Der Himmel ist bedeckt, doch laut Wetterbericht ist Sonnenschein angesagt. Wir lassen uns überraschen. Das Navi leitet uns auf der Hauptstraße Richtung Rudolstadt. Viel Verkehr und dicke Luft. Irgendwo müsste es doch einen Radweg geben! Als wir stehenbleiben, um uns zu orientieren, kommt eine Frau zu uns. Wir sollen besser nicht auf der Landstraße fahren, das sei zu gefährlich. Sie empfiehlt uns einen anderen Weg. Nicht nur sie hat den Bericht über meine Tour in der Ostthüringer Zeitung von heute gelesen. Unterwegs rufen uns mehrfach Menschen zu: „Viel Glück!" Im Pressehaus in Rudolstadt holen wir uns zwei Zeitungen und lesen beim Mittagessen neugierig, was dort geschrieben steht.
  Durch kleine Ortschaften fahren wir auf Straßen weiter, die sich in Serpentinen durch Laubwälder schlängeln. Nicht ahnend, was uns erwartet. „10 % Steigung, 350 m" lese ich auf einem Schild. Ich trete kräftig in die Pedale, die Pulsuhr zeigt einen Herzschlag von weit über 130 und der Motor heult auf. Auf der Hälfte des Anstiegs muss ich absteigen. Gemeinsam schieben wir das Dreirad die Anhöhe hinauf

und kommen ganz schön ins Schnaufen und Schwitzen. Allein hätte ich das niemals geschafft! Nun muss die arme Theresa zurück und ihr Rad hinaufschieben. Ein großes Plateau tut sich vor uns auf. Der Radweg durchschneidet kerzengerade die abgeernteten Getreidefelder, die von bewaldeten Hügeln umsäumt sind. Dazwischen blitzen Schieferdächer in der Sonne. Bergab und bergauf fahren wir durch kleine Orte und kommen nach Kahla, wo auch das gleichnamige Porzellan hergestellt wird.

Wir beschließen, hier zu übernachten. Theresa verschwindet im Rathaus und kommt mit dem Bürgermeister wieder heraus. „Hallo, Gunda Krauss, ich bin Bernd Leube", begrüßt er mich. Telefonisch erkundigt er sich nach einer Unterkunft. Wir bedanken uns und machen noch einige Fotos. Durch die enge Innenstadt von Kahla schlängeln wir uns zu unserer Pension. Alte Häuser lassen erahnen, dass sie früher einmal sehr schöne Fassaden hatten. Ob man sie wohl noch retten kann? Abends erklärt mir Theresa am Computer noch einiges, denn ab morgen werde ich wieder alleine unterwegs sein.

Freitag, 11. September 2009
Von Kahla nach Jena

Es ist frisch heute Morgen, besser, ich ziehe einen Pullover an. Der Radweg führt direkt an unserer Pension vorbei. Erfreut fahren wir los und folgen den kleinen Schildern mit einem Fahrrad drauf. Wir sind noch nicht weit gekommen, da bemerke ich, dass ich meine Umhängetasche vergessen habe. Theresa spurtet zurück. Das kann ja heiter werden – Gunda, reiß dich zusammen und mache alles mit Bedacht! Es geht weiter, entlang des Saale-Radwegs. Der Fluss lässt sich nur selten sehen. Eine Schulklasse kommt uns entgegen. Die Kinder springen fröhlich durcheinander und umringen mich. Wild reden die Steppkes durcheinander und stellen mir fachmännisch Fragen: „Wie viele Gänge hat das Dreirad? Ist die Lehne bequem? Woher bekommst du Strom?" Theresa hält die Begegnung mit dem Video fest. Nach ein paar Minuten drängt die Lehrerin zum Aufbruch. Ein letztes Winken, und sie ziehen weiter. Wir auch.

In engen Kurven windet sich die Saale dahin. Immer wieder kreuzen wir Brücken und fahren mal auf dem rechten, dann wieder auf dem linken Flussufer dahin. Kein Wunder, dass ich bei den vielen Richtungswechseln auch mal die Orientierung verliere. Doch das liegt diesmal an mir, denn bis auf wenige Ausnahmen war die Radwegbeschilderung in Thüringen sehr gut. Nur in Städten finden sich kaum Hinweise. Das merken wir, als wir in Jena ankommen. Die vielen Baustellen erschweren es uns zusätzlich, den richtigen Weg zu finden. Trotzdem kommen wir pünktlich um 14 Uhr auf dem Marktplatz an und – wir landen mitten in einem Altstadtfest. Plötzlich ruft jemand meinen Namen. Ich steige in die Bremsen und komme zwischen zwei Biertischen zum Stehen. Dort sitzen die hiesige Senioren-Fahrradgruppe und die Seniorenvertretung der Stadt Jena und begrüßen uns mit Klatschen und viel Hallo. Inzwischen beantworte ich wie ein richtiger Profi Fragen der Presse und lasse mich fotografieren. Theresa hat die Kamera ausgepackt und filmt. Später stößt das Stadtoberhaupt von Jena zu uns. Bürgermeister Jauch begrüßt mich herzlich und überhäuft mich geradezu mit kleinen Geschenken. Die Freundlichkeit und Warmherzigkeit der Menschen ist anrührend. Jetzt heißt es Abschied von Theresa zu nehmen, sie fährt mit dem Zug zurück nach München. Es war schön, mit ihr durch den Thüringer Wald zu radeln.

Samstag, 12. September 2009
Von Jena nach Bad Kösen
Potzblitz, beinahe hätte ich schon wieder meine Tasche vergessen. Zum Glück fällt es mir auf, noch bevor ich losfahre. Eine Gruppe Hotelgäste fragt mich interessiert über meine Tour und mein Fahrrad aus. Sie beruhigen mich, der Saale-Radwanderweg sei einfach zu finden. Außerdem habe ich ja auch noch die Saale-Radwegkarte, die mir gestern überreicht wurde. Darin finden sich auch Hinweise auf

Sehenswürdigkeiten, zum Beispiel das Rokokoschlösschen in Dornburg. Oben am Berg sehe ich es, als ich vorbeifahre. Schade, da hinauf, das ist zu steil für meinen Easy Rider. Doch bleibt uns ein anderer Berg leider nicht erspart. Gleich hinter Dornburg führt der Radweg steil bergauf. Diesmal hilft mir keine Theresa, als ich absteigen muss. Ich schiebe die schwere Last, so weit ich kann. Ein Radfahrer fährt schnaufend vorbei und grüßt. Den nächsten bitte ich, mir zu helfen. Er ruft mir zu: „Ich komme zurück!" Oben angekommen, stellt er sein Rad ab und schiebt meinen Easy Rider samt Gepäck und Sauser die Steigung hinauf. Vielen Dank! Zum Abschied versichert er mir noch, dass keine weiteren Steigungen auf mich warten.

Bis Camburg schlängele ich mich mal oben am Hochufer, mal unten am Fluss den Saale-Radweg entlang. Irgendwann wird es mir zu viel. Ich fahre auf der Landstraße weiter, aber auch hier machen die Steigungen dem Motor und mir zu schaffen. Auch der zweite Akku ist schon beinahe leer! Etwa sieben Kilometer vor Naumburg sehe ich einen Wegweiser nach Heiligenkreuz und fahre in den Ort hinein. Mein Orientierungssinn hat mich nicht verlassen, eine Nachfrage ergibt, dass ich auf dem richtigen Weg bin. Erleichtert bremse ich zur vereinbarten Zeit mit leeren Akkus vor dem Eingang der Reha-Klinik I in Bad Kösen. Mein heutiges Empfangskomitee besteht aus Bürgermeister Förster und Chefarzt Dr. Hinkel. Da Sauser natürlich nicht in die Klinik darf, nehmen ihn der Bürgermeister und seine Frau in Pension. Ob das gut geht? Dr. Hinkel übergibt mich der Obhut von Stationsschwester Grit, die meinen Blutdruck misst. Ich kann es kaum glauben, er ist hervorragend. Gegen 20 Uhr ruft mich Herr Förster nochmals an. Sauser lässt es sich anscheinend gut gehen. Nach einer fürstlichen Mahlzeit läge er jetzt zu Füßen des Bürgermeisters, der noch arbeiten muss, im Rathaus, wird mir berichtet. Mein Sauser im Rathaus von Bad Kösen! Ich bin beruhigt und so müde, dass ich die Lichter lösche und in Morpheus' Arme sinke.

Sonntag, 13. September 2009
Ruhetag in Bad Kösen

Fantastisch habe ich geschlafen! Ich fühle mich topfit nach fünf Tagen, in denen ich viele Steigungen bewältigen musste. Dank meines Allgemeinzustands und des guten Blutdrucks steht einer Weiterfahrt nichts im Wege. Doch zuvor genieße ich einen wohlverdienten Ruhetag. Diesmal alleine, Sauser ist gut versorgt und kann sich von mir und den Strapazen erholen. Nach dem Frühstück spaziere ich am Gradierwerk entlang in den Ort. Salz spielte in der Geschichte von Bad Kösen eine wichtige Rolle. Schon Ende des 17. Jahrhunderts wurden hier erste Vorkommen des wertvollen Rohstoffes erschlossen. Das kam August dem Starken sehr zupass, der immer wieder neue Geldquellen auftun musste, um das aufgrund der prächtigen Hofhaltung notorisch leere Staatssäckel zu füllen. Auch Käthe Kruse hat Spuren in der Solestadt hinterlassen. Sie lebte von 1912 bis 1950 in Bad Kösen und ließ ihre weltberühmten Puppen hier fertigen. Aus meiner Kindheit habe ich vage Erinnerungen an Bad Kösen. Als kleiner Stöpsel war ich hier zur Kur, das muss ums Jahr 1943 oder 1944 herum gewesen sein. Ich erinnere mich noch an die Kapuzenbademäntel und wie ich im dichten Solenebel umhertapste. Mein Vater, der meine Mutter und mich besuchen kam, zeigte mir, wie man flache Steine über das Wasser hüpfen lässt. Ich kehre zu einem genüsslichen Mittagsschläfchen in die Klinik zurück und werde vom sonntäglichen Kurkonzert geweckt. Eine Zwei-Mann-Kapelle spielt alte Schmuselieder, teilweise auf Sächsisch gesungen. Das lässt mich schmunzeln. Nachdem ich eine Weile zugehört habe, wird es mir im Kurgarten zu kalt. In der Klinik-Cafeteria genehmige ich mir noch einen Kaffee und ein Stück Mohnkuchen. Das Konzert mit Zigeunerweisen heute Abend erspare ich mir, ich bin viel zu müde. Hoffentlich hört der Regen bis morgen auf …

Montag, 14. September 2009
Von Bad Kösen nach Merseburg

Nicht nur meine Kurzeit ist zu Ende, auch Sausers Amtszeit im Rathaus. Er begrüßt mich sehr verhalten, als Bürgermeister Förster ihn zur Klinik bringt. Welcher Dackel darf schon in einem Rathause mitregieren und neben dem Bett eines Stadtoberhaupts schlafen – da kann man die Nase schon etwas höher tragen. Es macht fast den Eindruck, als wolle Herr Bürgermeister meinen kleinen Charmeur nicht mehr hergeben. Ich stehe noch einem Reporter des Naumburger Tageblatts Rede und Antwort, posiere mit Dreirad und Dackel für Fotos und bedanke mich herzlich bei allen für die überwältigende Aufnahme. Jetzt kann es losgehen. Ein Freund meines Gastgebers wird mich bis Schönburg begleiten. Wir unterhalten uns angeregt über das Leben in der damaligen DDR und über die Demokratie. Zwischendurch weist mich mein Begleiter auf die Sehenswürdigkeiten entlang des Wegs hin.

Gunda und Sauser – ein starkes Team

Später, als ich wieder alleine unterwegs bin, stoße ich auf ein Hindernis. Der Radweg führt am Ende einer Wohnstraße in sehr engen Serpentinen abwärts. Das schaffe ich mit dem Easy Rider nicht. Also heißt es umkehren und einen anderen Weg suchen. Dieser ist auch nicht viel besser: Der holprige Untergrund und das Kopfsteinpflaster zwingen mich, langsam zu fahren, damit Sauser nicht aus dem Körbchen, und ich nicht vom Sitz falle. Und das auch noch bei Regen – das Ganze gleicht einem Höllenritt. Besorgt, dass ich heil in Merseburg ankomme, hat die Pressesprecherin der Stadtverwaltung Mitglieder des Radlervereins mobilisiert. Zusammen mit ihnen erwartet sie mich in Bad Dürrenberg und geleitet mich sicher bis vor die Touristeninformation in Merseburg. Bei Kaffee und Kuchen diskutiere ich mit dem Leiter des Sportamts über die verschiedenen Botschaften, die ich auf meiner Fahrt dabeihabe. Merseburg ist eine wunderschöne Stadt, schade, dass keine Zeit bleibt, sie zu erkunden. Mit einer Informationsmappe über die Stadt und ihre „Schätze", und einem Aufkleber für die Alukiste, beschenkt werde ich mit Geleitzug zu meiner Unterkunft gebracht.

Dienstag, 15. September 2009
Von Merseburg nach Halle
Ob ich ein Lunchpaket mitnehmen wolle, wurde ich beim Frühstück gefragt. Gerne – tausend Dank! Der Koch erzählt, er sei nach der Wende auf Wanderschaft gegangen, um seine Kochkünste mit neuen Erfahrungen zu vervollkommnen. Auch in einem Kempinski schwang er den Kochlöffel, das konnte ich aus dem Karotten-Ingwer-Schaumsüppchen gestern Abend direkt herausschmecken. Da sollte doch ein erster Stern bald fällig sein. Peter vom Radlerverein holt mich ab und wir fahren zusammen ins Zentrum. Die Stadtoberen verwöhnen mich mit einer Führung durch den Merseburger Dom St. Johannes und St. Laurentius. Zum Domschatz gehören die Merseburger Zaubersprüche aus dem 10. Jahrhundert, das älteste Schriftzeugnis

in althochdeutscher Sprache. Ich freue mich, als ich auch noch in den Genuss eines Orgelkonzerts komme. Es findet anlässlich der Merseburger Orgelwoche statt. Noch mehr freut mich der unverhoffte Gruß aus der Heimat: Edgar Krapp, der Organist, der die Ladegast-Orgel zum Klingen bringt, stammt aus München. Vor dem Dom, der zu Recht zu den Kostbarkeiten Mitteldeutschlands zählt, heißt es dann Abschied nehmen von der schönen Stadt und all den Menschen, die ich hier treffen durfte.

Mitglieder des Radlervereins treten abermals zusammen mit mir in die Pedale: Peter, Lothar und Hildegard begleiten mich bis nach Halle. Prima – sie kennen die Gegend wie ihre Westentasche. Gegen einen holprigen, rutschigen Untergrund haben sie aber auch kein Patentrezept. Doch inzwischen habe ich Übung darin, auch schwieriges Gelände zu meistern, manchmal sogar nur auf zwei Rädern. So hoppeln wir fast auf die Minute genau über das Kopfsteinpflaster vor das Rathaus von Halle. Dort wartet schon das Empfangskomitee der Stadt, darunter der Referent des Oberbürgermeisters und die Seniorenbeauftragte. Auch Sauser ist inzwischen recht professionell im Umgang mit der Presse. Er verzieht keine Miene, so als würde ihn das alles nichts angehen, dabei ist er der Star. Ich bekomme zur Erinnerung ein Säckchen Hallore-Siedesalz und ein Schlüsselband mit dem Wappen der Stadt überreicht. Der Referent des Oberbürgermeisters bringt mich zum Hotel und testet unterwegs meinen Easy Rider. Sehr bequem, ist sein Urteil. Das Hotel ist ausgesprochen hundefreundlich. Nicht nur ein Wassernapf, Leckerlis und „Hunde-News" mit einer Wegbeschreibung zum nahegelegenen Park finde ich auf dem Zimmer vor. Sogar an Tüten zum Aufsammeln von Sausers Geschäft wurde gedacht!

Mittwoch, 16. September 2009
Ruhetag in Halle

Ich habe verschlafen. Kein Problem, heute ist ein Ruhetag. Aber ein wenig Kultur muss schon sein. Vorher telefoniere ich noch mit der Seniorenbeauftragten Frau Riethmüller. Gestern war kaum Zeit, sich über das Thema „Senioren und die älter werdende Gesellschaft" auszutauschen. Den Weg ins das Landesmuseum für Vorgeschichte erfahre ich an der Rezeption. Es ist vor allem die Himmelsscheibe von Nebra, die ich dort sehen möchte. Doch wohin mit Sauser? Er muss mit, es geht nicht anders. Ins Museum darf er natürlich nicht, er wartet draußen auf mich. Die Wärter versprechen, ab und zu nach ihm zu sehen. Der Ausstellungsraum ist so dunkel, dass ich mich mit Hilfe eines Wärters bis zu dem Schaukasten tasten muss. Voller Ehrfurcht stehe ich vor diesem fast 4000 Jahre alten Juwel aus der frühen Bronzezeit Mitteleuropas. Als die Himmelsscheibe Ende des letzten Jahrtausends gefunden wurde, war meine Mutter so begeistert, dass sie mir die Himmelsscheibe in Form einer Brosche geschenkt hat.

Es gäbe noch so viel zu entdecken, doch Sauser wartet draußen. Die beiden Wärter vermeldeten, dass er sehr brav auf seinem Platz am Geländer saß. Auf dem Weg zurück ins Hotel sprechen mich Studierende an. Sie reisen nach Schanghai und wollen mit einem kleinen Film den Menschen dort Deutschland näherbringen. Sie fragen, was ich über China weiß und wie ich über das Land denke. Tapfer krame ich in meinem Gehirn nach den richtigen Worten, denn das Ganze findet in englischer Sprache statt! Heute Abend kommt Verena zum nächsten Wäschewechsel. Die Arme bekommt noch weniger von diesen schönen alten Städten zu sehen als ich. Am besten, ich komme noch mal her, um mehr von der Geschichte und Kultur Mitteldeutschlands zu entdecken. Aber dann mit dem Zug.

Donnerstag, 17. September 2009
Von Halle nach Bernburg

Dieses Kopfsteinpflaster – manchmal treibt es mir den Angstschweiß auf die Stirn! Da die Straße zudem rechts und links abschüssig ist, muss ich öfters in der Mitte des holprigen Wegs fahren, um nicht umzukippen. Erleichtert schnaufe ich durch, als ich den Saale-Radwanderweg erreiche. Geplant ist für heute eine Tagesetappe von 45 Kilometern, doch am Ende wurden es fast 60. Zum Glück schaffe ich das problemlos, habe ich doch schon fast 670 Kilometer in den Beinen. Breite asphaltierte Radwege wechseln mit schwierigen Wegstücken ab – auch die nehme ich inzwischen viel gelassener in Angriff. Zudem wird mein Orientierungssinn immer besser. Kein Wunder, steht er doch gut im Training, so häufig, wie die Beschilderung zu wünschen übriglässt.

Heute erfahre ich noch eine ganz besondere Unterstützung: Herr Jeske vom Amtsblatt Bernburg hält telefonisch Kontakt mit mir, bis ich sicher in Bernburg gelandet bin. Der Pressetermin findet morgen Vormittag statt, in der Oberstadt von Bernburg. Wenn ich am Berg stecken bleibe, schaltet er die Feuerwehr ein, versichert er mir lachend. Das wäre ein Gag!

Wir unterhalten uns darüber, dass sich heutzutage viele Menschen zu wenig bewegen. Ich frage ihn auch nach den großen Windparkanlagen, an denen ich vorbeigeradelt bin. Was er mir erzählt, finde ich ärgerlich – auch wenn es sich um regenerative Energiequellen handelt. Nach der Wende strömten wohl Investoren aus Holland und anderen Ländern in die Gegend. Sie kauften den Bauern Felder ab und stellten ohne Genehmigungsverfahren überall Windräder auf. Er selbst wohnt in unmittelbarer Nähe eines solchen. Je nachdem, wie der Wind steht, sei das Wummern der Rotoren nervtötend. Auch der Schatten, den die großen Flügel werfen, sei störend – man fühle sich dazu verleitet, mit dem Kopf zu ihrem monotonen Takt zu nicken.

Eines muss ich noch erzählen: Sauser hat einen umwerfenden Charme entwickelt. Die Fotografen sind ganz vernarrt in ihn und fotografieren ihn von allen Seiten. Im heutigen Artikel in der Mitteldeutschen Zeitung steht er im Mittelpunkt, ich tauche nur am Rand auf. Ist das nicht herrlich?

Freitag, 18. September 2009
Von Bernburg nach Dessau

Eine Überraschung erwartet mich heute Morgen: Herr Jeske hat fürsorglich arrangiert, dass mir ein Frühstück ans Bett gebracht wird. Nach diesem Luxus mache ich mich frohgemut in die Oberstadt auf, die Steigungen erklimme ich fast mit links. Herr Jeske wartet am Straßenrand, um mich durch das Menschengewusel auf den Marktplatz zu lotsen. Hinter den Marktständen bauen Jugendliche eine Wüstenlandschaft mit orientalischen Marktbuden auf, die heute Abend eröffnet werden. Schade, da bin ich schon wieder weg. Die wartenden Fotografen machen ein Foto nach dem anderen, während ich viele Hände schüttle. Eine Gruppe Kinder einer Förderschule umringt Sauser. Ich beantworte fleißig Fragen über die Radtour und über meine Anliegen an Politiker. Da fällt mir nur eines ein: „Bitte, entfernt das Kopfsteinpflaster", seufze ich, „es ist eine Herausforderung für alle, die zu Fuß oder mit einem Fahrrad, Kinderwagen, Rollator oder Rollstuhl unterwegs sind." Die Buben und Mädchen der Förderschule haben etwas für mich einstudiert: Sie zeigen und erklären mir die wichtigsten Verkehrsschilder. Zum Abschied überreichen sie mir einen Zapfenwichtel, der soll auf mich aufpassen. Gerührt schießen mir Tränen in die Augen. Vielen Dank, liebe Kinder, der kleine Wicht hängt jetzt an meiner Kiste.

Ich muss weiter. Noch einmal Winken und ich radle aus der Stadt hinaus zum Saale-Radwanderweg. Wie könnte es auch anders sein – irgendwann gibt es keine Hinweisschilder mehr. Ich lande auf einer Straße. Macht nichts, ab jetzt verlasse ich mich auf meinen Orientierungssinn. Auf der Landstraße radle ich weiter Richtung Osten. Als ich die Gemeinde Aken erreiche, weiß ich, dass ich auf dem richtigen Weg bin. Sehr gut, Gunda! Die Sonne scheint und der Wind weht schon recht herbstlich. Die Straße wird rechts und links von großen, abgeernteten Feldern gesäumt. Mit ein paar kleinen Umwegen und Nachfragen finde ich meine Unterkunft im heutigen Etappenziel Dessau. Das Hotel liegt in der Nähe der Fußgängerzone. Für Fahrräder gibt es in der Tiefgarage sogar eigene Stellplätze. Dort darf der Easy Rider übernachten. In dem Gasthaus, in dem ich eine Kleinigkeit zu mir nehme, ist gerade eine Bayerische Woche. Doch das bekomme ich auch zu Hause, ich bevorzuge ein einheimisches Gericht, wie bisher meistens.

Samstag, 19. September 2009
Ruhetag in Dessau

Der Sportdirektor der Stadt und Vertreter des Oberbürgermeisters holt mich zum Pressetermin ab. Diesmal ist auch ein Kamerateam dabei. Unter den Andenken, die mir überreicht werden, befindet sich ein Bildband von Dessau-Roßlau. Sauser bekommt auch ein Geschenk: einen kleinen Wimpel mit dem Aufdruck „Sportstadt Dessau". Ich befestige ihn gleich an seinem Halsband. Warum die Stadt den Namen Dessau-Roßlau trägt, möchte ich noch wissen und erfahre, dass die beiden Ortsteile vor zwei Jahren für einen Zusammenschluss gestimmt haben. Den restlichen Ruhetag verbringe ich geruhsam und sammle Energie für die nächste Etappe.

Etwas liegt mir noch auf dem Herzen: Google Maps mag mich nicht! Die Startseite „läuft durch" und es ist mir nicht möglich, an Details für die Planung einer Etappe zu kommen. Auch das Hochladen der Fotos in das Reisetagebuch funktioniert nicht. In Dessau habe ich leider vergebens versucht, jemand zu finden, der mir dabei hilft. Ich hoffe, das Problem in Berlin lösen zu können. Dafür aber weiß ich jetzt, wer den Text für das Lied „Das Wandern ist des Müllers Lust" geschrieben hat. Es war der Dessauer Bürger und Dichter Wilhelm Müller, später wurde es von Franz Liszt vertont.

Sonntag, 20. September 2009
Von Dessau nach Wittenberg

Das Wetter verspricht traumhaft zu werden. Wie dafür geschaffen, auf dem Fürst-Franz-Weg durch das Biosphärenreservat Mittelelbe zu radeln. Auf einem schmalen Damm führt der Radweg durch weite Auenwälder Richtung Osten. Die mächtigen Eichen tragen viele Eicheln – ob das einen strengen Winter gibt? In Vockerode stoße ich auf die Elbe und fahre auf deren Deichkrone weiter. Soll ich einen Abstecher zur Biberfreianlage in Oranienbaum-Wörlitz machen? Besser nicht, wer weiß, was noch auf mich zukommt. Auf ausgedehnten Wiesen stehen vereinzelt alte Bäume mit riesigen Kronen. Immer wieder halte ich an, um zu fotografieren. Schade, dass ich nicht die Gabe der Dichtung besitze – ich finde einfach keine Worte, die Landschaft zu beschreiben.

Kurz vor Wörlitz wird der Radverkehr dichter. Am Schloss angekommen, lasse ich das Dreirad stehen und laufe in den Ort. Sauser ist es warm, er tippelt mit hechelnder Zunge neben mir her. Wir schlendern an Gondeln vorbei am See entlang, ein Falkner mit einem Jungtier auf der Hand kreuzt unseren Weg. Im Schlosspark schreien Pfauen und schnattern Enten. Ich bin begeistert von dem Landschaftspark, der unter der Regentschaft von Leopold III. Friedrich Franz, Fürst und Herzog von Anhalt-Dessau, nach englischem Vorbild erschaffen wurde. Ich bewundere auch die Weitsicht von Fürst Franz, wie er genannt wurde, was Bildung angeht: „Ich hatte mit Unwissenheit und Vorurteilen zu kämpfen. … Ich merkte bald, woran das lag. Das Schul- und Erziehungssystem lag im Argen …", stellte der Anhänger der Aufklärung fest. Leider drängt die Zeit, wir müssen weiter.

Teilweise sind die Straßen und Wege wieder mit Kopfsteinen gepflastert. In Coswig setzen wir mit einer Fähre über die Elbe – eine Premiere! Es ist aufregend, aber auch das schaffe ich. Danach führt uns der Weg durch einen Mischwald. Bei der Brotzeit auf einem Rastplatz bewundern zwei Ehepaare mein Gefährt. Sie laden mich zu einer Tasse Kaffee ein – das ist aber nett! Wir plaudern über Radwandern, den Zustand der Wege, Jugendherbergen und vieles mehr. Dabei erfahre ich, dass in Bayern Erwachsene ohne Kinder nicht in Jugendherbergen übernachten dürfen. In allen anderen Bundesländern ist das möglich. Bayern und seine Extrawürste … In manchen Jugendherbergen gibt es statt der Massenquartiere, wo Schnarchen die Nachtruhe stört, sogar Doppelzimmer mit Dusche.

Kurz vor Wittenberg weiß ich nicht weiter. Ich frage Jugendliche, die sich in einem überdachten Unterstand dem Genuss von Alkohol hingeben, nach dem Weg. Sie bieten mir Bier und Schnaps an und erklären mir sehr freundlich, wie ich mein Ziel erreiche. Die Unterkunft habe ich diesmal selber ausgesucht und schon in Dessau telefonisch reserviert. Ein traumhaft schöner Spätsommertag geht zu Ende. Das erste Mal habe ich heute nur den Augenblick genossen, ohne mir Sorgen über das Gestern oder Morgen zu machen. Du fängst an, dich zu entschleunigen, liebe Gunda!

Montag, 21. September 2009
Von Wittenberg nach Belzig

Was erwartet man sich von einem Europaradweg? Bei einem Fernradweg stelle ich mir eine gut ausgebaute Fahrrad-Autobahn vor. Weit gefehlt! Doch alles der Reihe nach. Einige Regentropfen fallen vom Himmel, als ich um neun Uhr auf dem Wittenberger Marktplatz eintreffe. Der Fachbereichsleiter Soziales der Stadt ist zur Begrüßung gekommen. Nach den üblichen Interviews – diesmal war auch ein Team des Regionalfernsehens dabei – werde ich auch schon wieder verabschiedet. Nach einer Ehrenrunde über den Marktplatz nehme ich die nächste Etappe unter die Räder. Rasch fotografiere ich noch die Tür der Schlosskirche, an der Luther seine Thesen angeschlagen hat, und paar Impressionen der Stadt. Der R1-Europaradweg ist schnell gefunden. Nicht weit von Wittenberg biegt er ab auf eine Foststraße aus Bauschutt und mit spitzen Steinen. Wie gut, dass der Easy Rider auf sehr stabilen Reifen voran rollt. Es wird nicht besser: Auf einem sandigen Weg quäle ich mich bergauf und bergab durch den Wald. Vor lauter Konzentration und Anstrengung nehme ich die schöne Umgebung kaum wahr. Kein Mensch weit und breit, kein Hinweis auf eine nahe gelegene Landstraße. Ich mache mir Mut, indem ich an Wander- und Skitouren denke, die ich früher bewältigt habe. Die gestern entdeckte Entschleunigung ist zwar dahin, Gunda, aber du schaffst das!

Endlich taucht ein Wegweiser auf, es sind noch 22 Kilometer bis Belzig. Auch ein Radfahrer lässt sich blicken, er ist genauso entsetzt wie ich über den Zustand des Fernradwegs. Ich atme erleichtert auf, als es später auf asphaltiertem Untergrund weitergeht. Munter trete ich in die Pedale und erreiche schon bald die Burg Eisenhardt, mein Quartier für die nächsten zwei Tage. Der Leiter der Bauverwaltung Belzig ruft an, um zu erfahren, wann ich eintreffe. Erstaunt hört er, dass ich schon angekommen bin. So dauert es nicht lange und das diesmal recht große Empfangskomitee der Gemeinde trifft ein, im Gefolge eine Reporterin des Brandenburger Wochenblatts. Lebhaft unterhalten wir uns über regenerative Energien, über Bürokratie und – natürlich über den Zustand der Radwege. Für den morgigen Ruhetag darf ich mir ein Programm wünschen. Herr Zeller, der Behindertenbeauftragte des Landkreises Potsdam-Mittelmark, wird mich begleiten. Ich bin außer mir vor Freude über die unbeschreibliche Gastfreundschaft. Komme wieder auf den Boden, Gunda!

Da sich die Alukiste heute Morgen kaum noch schließen ließ, heißt es umpacken. Alle Geschenke, inklusive des wunderschönen Fläminger Keramikkrugs, der mir heute überreicht wurde, gehen morgen in einem großen Paket auf die Reise nach München. Der Easy Rider wird im Burggefängnis abgestellt, dort ist er sicher verwahrt. Zwischendurch ruft Bürgermeister Förster aus Bad Kösen an, er fragt nach Sausers und meinem Befinden. Ich nehme mir vor, den Kontakt zu halten, wenn ich zurück in München bin. Könnten sich aus dieser und anderen Begegnungen vielleicht sogar Freundschaften entwickeln? Das muss die Zukunft zeigen. Müde steigt das „Burgfräulein" Gunda ins Bett, die Planung der nächsten Etappe ist auf morgen verschoben.

Dienstag, 22. September 2009
Ruhetag in Belzig
 Nach einer erholsamen Nacht bin ich sehr neugierig auf das Flämingland. Doch zuvor ist noch eine Pflicht zu erledigen: ein weiteres Interview. Danach besuchen wir die mittelalterliche Burg Rabenstein, die auf dem 153 Meter hohen „Steilen Hagen" thront. Die zweite der insgesamt drei großen Wehranlagen im Landkreis ist die Burg Eisenhardt, das Wahrzeichen von Belzig. Viel Wissenswertes gäbe es über die wechselhafte Geschichte der Burg und der Stadt zu erzählen, doch das sprengt meinen Rahmen. Von Rabenstein aus fahren wir weiter zum Naturpark Hoher Fläming. Ich bin beeindruckt, was hier alles für einen barrierefreien Tourismus getan wird. Das liegt wohl auch an der Durchsetzungskraft von Herrn Zeller in seiner Funktion als Behindertenbeauftragter – Respekt! Das Naturparkzentrum erinnert mich an das Ökologische Bildungszentrum in München. Es ist ebenso lehrreich und wird auch mit sehr viel Engagement und Liebe betrieben. Ich erfahre, dass in den Belziger Landschaftswiesen Deutschlands größte Großtrappen-Population ein geheimes Leben führt. Nachdem wir ein Brötchen mit Butter und frischem, selbst gemachtem Pflaumenmus verkostet haben, geht es zurück nach Belzig. Noch ein Tipp für Wellness-Fans: Die SteinTherme in Belzig wird gerade zur Wellness-Therme umgebaut.
 Mit Herrn Kahl, der mich vor dem Rathaus „übernimmt", verbringe ich noch einen angenehmen Abend. Ich bin dankbar über die schöne Zeit in Belzig, für die anregenden Gespräche und den wunderschönen Flämingkrug. Zu Hause werde ich mir abends daraus ein Schöppchen Rotwein einschenken und mein Glas auf das Wohl der liebenswerten Stadt in der Mittelmark erheben.

Mittwoch, 23. September 2009
Von Belzig nach Potsdam
 Nach einer weiteren Nacht als Burgfräulein ziehe ich aus meiner Kemenate aus. Der Easy Rider wird aus seinem Gefängnis befreit.

Die Alukiste grinst, als sie den „Gepäckverlust" bemerkt. Ich werfe noch einen kurzen Blick in den Blog und sehe den Spendenticker blinken. Ein herzliches „Vergelt's Gott" für all die Spenden, sie helfen meine Fahrt zu finanzieren. Auch über die netten Kommentare freue ich mich sehr. Heute bin ich wieder in Begleitung unterwegs: Eine Abordnung des örtlichen Radvereins holt mich ab. Wir radeln durch hügeliges Land mit weiten Wiesen. Neugierig schaue ich, ob ich eine Großtrappe entdecke, doch keine lässt sich blicken. Nach etlichen Kilometern verabschieden sich alle, bis auf Amelie. Sie fährt bis nach Potsdam mit. Kiefern- wechseln sich mit Mischwäldern ab. Erfreulicherweise bereitet der Radweg kaum Probleme. Einmal muss der Easy Rider um eine scharfe Biegung gewuchtet werden, doch zu zweit schaffen wir das locker.

In der Nähe von Potsdam sieht die Havel wie ein großer See aus. Als wir die Stadt erreichen, fühlt es sich an, als würde ich in einen Albtraum eintauchen: lauter umhereilende Menschen, starker Verkehr, viele unübersichtliche Baustellen – ich bin an die „Zivilisation" nicht mehr gewöhnt! Amelie fragt sich durch bis zu der Gästewohnung, die mich beherbergen wird. Das Dreirad passt in den Aufzug und verschwindet im Keller. Leider radelt Amelie zurück nach Belzig, ich hätte sie gerne bis nach Rügen mitgenommen.

Donnerstag, 24. September 2009
Von Potsdam nach Berlin

Das Potsdamer Stadtschloss wird gerade wiederaufgebaut, deshalb werde ich an der unübersichtlichen Baustelle abgeholt und zum Rathaus geleitet. Dort plaudere ich entspannt mit der Presse und dem Leiter des Referates Soziales und Gesundheit, während Sauser gefräßig nach Leckerlis schnappt. So vieles möchte ich besichtigen, doch dafür bleibt keine Zeit. Stattdessen muss ich mich mitten durch das Großstadtgetümmel zum Berliner Stadtzentrum durchschlagen. Ein wenig Bammel habe ich schon. Zuerst führt der Weg an wunderschönen, liebevoll renovierten Villen vorbei. Irgendwann taucht Schloss Cecilienhof auf, wo 1945 das Potsdamer Abkommen geschlossen wurde. An der Glienicker Brücke verlassen mich die beiden netten Damen der Stadtverwaltung, die mich bis hierher begleitet haben.

Die Glienicker Brücke – ein geschichtsträchtiger Ort

Auf einem Spickzettel sind alle Straßen notiert, die mich ins Zentrum führen sollen. Ob das gut geht? Prompt verfahre ich mich. Stück um Stück frage ich mich durch. Ich bin völlig aus dem Häuschen, als ich den Kurfürstendamm endlich vor mir liegen sehe. Auf dem Seitenstreifen für Busse sind auch Taxis, Fahrräder und Krankenwagen erlaubt. Ich fackle nicht lang und schon sause ich in rasantem Tempo den Ku'damm entlang und dann am Potsdamer Platz vorbei in Richtung Alexanderplatz. Links von mir entdecke ich das Rote Rathaus, dahinter den Fernsehturm. Alles ist so weitläufig und hektisch! Ich bin froh, als ich endlich das Hotel in Friedrichshain erreiche. Nach dem Einchecken bringe ich den Easy Rider nach Prenzlau, in ein Fahrradgeschäft mit dem schönen Namen „De Fietsfabriek". Dort bekommt er den inzwischen fälligen TÜV. Der Stadtmief macht mich müde, aber auch aggressiv. Ich freue mich auf den morgigen Ruhetag.

Freitag, 25. September 2009
Ruhetag in Berlin
    Alles ist laut und hektisch. Die Hauptstadt unserer Republik irritiert mich, obwohl ich hier vor etlichen Jahren auf die Welt gekommen bin – eine Berliner Göre, mit einer im Laufe des Lebens abgeschliffenen Berliner Schnauze. Als die Bombenangriffe zu heftig wurden, zog meine Mutter mit meinem Bruder und mir nach Sachsen zu ihren Eltern. Trotzdem kenne ich mich in der Stadt recht gut aus, habe ich sie doch dienstlich wie privat oft besucht. Doch noch nie auf einem Dreirad! Ich vermute, dass es hier nur wenige davon gibt. Liegt das daran, dass in Berlin das Durchschnittsalter sehr niedrig ist? Ich entdeckte gestern fast nur junge Menschen, die geschäftig auf Rädern und zu Fuß durch die Straßen eilten. Ich hatte Recht mit meiner Vermutung: Meine Recherche ergibt ein Durchschnittsalter von 45 Jahren. Das könnte auch die schmalen Radwege erklären, die auch noch von Baumwurzeln verengt werden. Für ein normales Rad ist das kein Problem, für ein Dreirad oder mit einem Kinderanhänger aber schon. Dafür dürfen Fahrräder hier aber die Busfahrstreifen nutzen.
    Da heute Ruhetag ist, kann ich mich in aller Ruhe mit der nächsten Etappe beschäftigen. Morgen ist Oranienburg mein Ziel. Der Radweg dorthin, der sogar bis Kopenhagen weiterführt, soll sehr schön sein. Auch das Wegstück zum Stadtrand führt fast ausschließlich durchs Grüne. Starten werde ich am Brandenburger Tor. Das erinnert mich daran, dass ich im Jahr 1961, kurz vor dem Mauerbau, das Pergamon-Museum besucht habe. Auf dem Weg zurück zum im Westsektor

gelegenen Brandenburger Tor verfolgte mich ein „Schatten". Mit Argusaugen beobachtete er jeden meiner Schritte. Und heute, 20 Jahre nach dem Fall der Mauer und der Wiedervereinigung, erfülle ich mir endlich einen Wunsch: ungehindert und frei durch das Berliner Wahrzeichen zu radeln. Doch jetzt zieht es uns erst mal nach draußen: Sauser und ich werden durch den Friedrichshainer Volkspark streifen, den ersten Volkspark Berlins.

Samstag, 26. September 2009
Von Berlin nach Oranienburg
    Um 10:30 Uhr habe ich ein Rendezvous am Brandenburger Tor. Rainer hatte online angefragt, ob er mich ein Stück begleiten darf, und wir haben uns an diesem markanten Punkt der Stadt verabredet. Leider klappt es nicht, wir haben uns wahrscheinlich wegen der Menschenmassen verpasst. Also breche ich nach einer halben Stunde Warten allein auf und schieße zuvor noch schnell ein Foto von Sauser und dem Easy Rider vor dem berühmten Hotel Adlon. Perfekt – das Navi zeigt mir sofort, wie ich zum Radfernweg Berlin-Kopenhagen gelange. Mit stolz gereckter Brust radle ich auf meinem Easy Rider durch die Bundeshauptstadt. Allerdings nicht durch das Brandenburger Tor, wie geplant. Gitter versperren die Durchfahrt, da für die Gedenkfeierlichkeiten am 3. Oktober bereits die Podien aufgebaut werden. Schade!
    Hinter dem Reichstag quere ich eine Brücke und rolle an der Charité vorbei durch den Wedding, immer Richtung Norden, Nordosten. Weiter durch Reinickendorf, Frohnau, und schon haben wir den Radfernweg erreicht. Ein Stück weiter werde ich von einem Schild aufgehalten: „Radfahrer absteigen", steht darauf, denn es geht steil bergab. Ich bleibe sitzen, ich könnte das Dreirad niemals halten. Bremsend schleichen wir uns hinunter. Geschafft. Der Seniorenbeauftragte der Stadt Oranienburg hält per Handy Kontakt mit mir, so weiß er ungefähr, wann ich ankomme. Auf dem Platz vor dem Schloss Oranienburg erwartet

mich eine Überraschung: Kurfürst Friedrich Wilhelm von Brandenburg und seine Frau, Louise Henriette von Oranien-Nassau, begrüßen mich höchstpersönlich. Die Kurfürstin verrät mir schmunzelnd, dass sie diejenige ist, die das Geld in die Ehe eingebracht hat. Dann muss sie schon weiter zu ihrem nächsten Auftritt im Rahmen der Landesgartenschau, die im Schlosspark stattfindet. Ich bin entzückt! Von einer Menschentraube umgeben sehe ich Bürgermeister Laesicke auf mich zuradeln. Ich erkenne ihn sofort – er sieht aus, als wäre er einem Wahlplakat entsprungen. Vor dem Schloss findet ein Blaskonzert statt. Während einer Pause stellt mich Herr Laesicke den Zuhörerinnen und Zuhörern vor. Ich bedanke mich für all die guten Wünsche für meine Fahrt nach Rügen. Natürlich darf auch die Presse nicht fehlen. Bei einer Frage muss ich laut lachen: wie viele Unterhosen ich dabeihätte!

Mein Quartier liegt im Stadtteil Eden. Die Siedlung wurde 1893 unter dem Namen „Vegetarische Obstbau-Kolonie Eden e. G. m. b. H." von achtzehn sozialreformerisch bewegten Vegetariern gegründet, die gesund, naturverbunden und ganzheitlich leben wollten. Den kargen Boden päppelten sie mit Pferdeäpfeln aus Berlin auf und bauten Obst an. Eine Gruppe gründete 1950 die Eden-Waren GmbH in Bad Soden im Taunus, die Eden-Produkte gibt es noch heute im Reformhaus. Beim Abendessen drehen sich die Gespräche um Politik – kein Wunder, einen Tag vor der Wahl!

Sonntag, 27. September 2009
Von Oranienburg nach Gransee
  Beim Frühstück setzen wir die politische Diskussion fort. Schade, ich muss schon wieder aufbrechen. Ich folge wieder dem Radfernweg Berlin-Kopenhagen, diesmal durch ausgedehnte Wälder. Nach Liebenwalde ist der Zustand des Wegs die reinste Katastrophe. Die Nase gestrichen voll von Schotterpisten und Kopfsteinpflaster, verlasse ich ihn in Birkenwerder und suche mir die nächste Landstraße. Was für ein Unterschied, munter geht es fürbass! Ein Schloss mit einem

Gutshofladen lockt – Sauser, wir machen Mittagspause! Ein Ehepaar fragt, ob ich die Frau aus München sei, die durch die Republik radelt. In einer Mail von Theresa lese ich, dass der Bürgermeister von Gransee mir bis Häsen entgegenradeln wird. Das telefonisch vereinbarte Treffen mit Herrn Hanke klappt hervorragend. Unterwegs macht eine Fotografin Bilder von uns. Für den dazugehörigen Artikel schreibt sie sich später noch einige Stichpunkte über die Tour auf. Die Kaffeetafel auf der Terrasse im Hause Hanke ist bereits gedeckt, als wir eintreffen. Erdbeerkuchen, Sahnetorte und einiges mehr wartet drauf, verzehrt zu werden. Der Stadt geht es wirtschaftlich gut, es gibt kaum Arbeitslose, erzählt der Bürgermeister. Ich spüre seine enge Verbundenheit mit seiner Heimat, während wir uns angeregt über dies und das unterhalten. Die alte Stadtmauer von Gransee ist noch gut erhalten, entdecke ich später. Ein Schild an einem Denkmal erzählt, dass Königin Luise, die in der Stadt sehr verehrt wurde, nach ihrem Tod hier eine Nacht aufgebahrt lag. Ich bette heute mein müdes Haupt in einer sehr illustren Nachbarschaft zur Ruhe: Schloss Meseberg, das Gästehaus der Bundesrepublik, liegt gleich um die Ecke.

Montag, 28. September 2009
Ruhetag in Gransee

Es wird Herbst – das ist spürbar. Die Heizung in der Pension ist in Betrieb. Die Akkus für die Weiterfahrt morgen sind geladen und bereits wieder eingebaut. Der Tagebucheintrag ist auch geschrieben, aber noch nicht online – es gibt keine Internetverbindung, egal, wo ich es auch versuche. Da bleibt mir nur übrig, zu improvisieren, was die Routenplanung für die nächsten Tage angeht. Laut Landkarte sind es etwa 20 Kilometer bis Fürstenberg und dann nochmals über 40 Kilometer bis Blankensee. Über 60 Kilometer – das ist eine sehr große Etappe und auch noch mit einigen lang gezogenen Steigungen!

Während ich einkaufe, ruft die Behindertenbeauftragte der Stadt Neubrandenburg mich auf dem Handy an. Sie möchte wissen, wann ich dort eintreffe. Da ich ohne Internet die aktuelle Etappenplanung nicht im Kopf habe, bringe ich alles durcheinander. Gott sei Dank lässt sich mit Theresas Hilfe das Kuddelmuddel telefonisch rasch entwirren. Am späteren Nachmittag steht noch ein Interview mit der Gransee-Zeitung auf dem Programm. Ich unterhalte mich mit der Journalistin auch über die aktuelle Situation in den alten und neuen Bundesländern, besonders, was die unterschiedlichen Löhne und Preise angeht. Danach schlendere ich durch den Ort. Kalt ist es, das schreit geradezu nach einer warmen Mahlzeit. Das eine Restaurant schließt, das andere öffnet erst um 18 Uhr. Also warte ich vor der Tür auf Einlass. Es gibt einen heißen Tee zum Aufwärmen und Rinderroulade mit Apfelrotkraut und Klößen für den Hunger. Die hiesigen Preise unterschieden sich kaum von denen zu Hause, stelle ich beim Bezahlen fest.

Dienstag, 29. September 2009
Von Gransee nach Fürstenberg
60 Kilometer wollen heute bewältigt werden. Als ich mich gut eingepackt in meiner Regenkluft auf den Sessel des Easy Riders niederlasse, weiß ich noch nicht, dass einiges anders kommen wird als geplant. Sausers Dachbefestigung wird noch verstärkt, dann fahre ich los. Schon bald ist meine Brille beschlagen. Die weite Landschaft liegt grau und düster vor mir. Ich bin trotz des Wetters gut drauf, selbst Anstiege und dunkle Alleen rauben mir nicht die Lust am Vorwärtskommen. Meine gute Kondition erlaubt es mir, streckenweise auf Motorunterstützung zu verzichten. Ganz „old-fashioned" habe ich mir mit Hilfe von Landkarten die heutige Route zusammengestellt. Bei dem Sauwetter meide ich Radwege und fahre auf kleinen Landstraßen und einmal sogar auf der berüchtigten Bundesstraße 96. Die vielen LKWs spritzen mich voll und auch Sauser bekommt etwas Sprühregen ab und zittert.
In Fürstenberg drückt die Blase – ich brauche dringend eine Pause und eine Toilette. Direkt neben der Touristeninformation findet sich

eine. Mit klammen Fingern klaube ich 50-Cent-Münzen aus der Geldbörse. Oh je – die Umhängetasche ist sogar innen nass! Die Mitarbeiterinnen der Touristeninfo erkennen mich sofort, ich bin bereits angekündigt. Der heiße Tee, den sie mir in die Hand drücken, tut gut. Derweil wird nebenan im Zweiradcenter Intress, einem Fahrradgeschäft, das mir eine Passantin empfohlen hat, der leere Akku aufgeladen. Ausgerüstet mit einer Plastiktüte für meine Notizen, winke ich eine Stunde später zum Abschied und fahre frohgemut los. Richtung Altthymen folge ich der Eiszeitroute. Endlich macht auch der Nieselregen eine Verschnaufpause. Mit zwei vollen Akkus bin ich auch für alle Eventualitäten gerüstet. Der Weg führt leicht bergauf – Endmoränen. Da kracht und knirscht es plötzlich laut. Der Akku gibt keinen Strom mehr ab. Ich überlege nicht lange und schalte auf den anderen Akku um. Hallo – der macht ja auch keinen Muckser! Auch der Motor ist verstummt. Was nun?

Ich bin ziemlich durcheinander und weiß mir nicht zu helfen. Völlig fertig mit den Nerven rufe ich Theresa an: „Ich will nach Hause", schniefe ich ins Handy. Sie beruhigt mich erst mal und versucht die Situation zu retten. Über die Touristeninformation organisiert sie Hilfe aus dem Fahrradgeschäft. Der Inhaber Andreas Intress und seine Frau tauchen schon kurz darauf im Auto auf. Sauser und ich werden in den PKW verfrachtet, Herr Intress radelt auf dem Dreirad zurück nach Fürstenberg. Das war Schwerstarbeit, gesteht er mir später. Sofort macht er sich daran, die Pannenursache zu finden. Mehrere Telefonate gehen zwischen ihm, dem Motorhersteller und Theresa hin und her. Ich bin verzweifelt und möchte am liebsten aufgeben.

Das lässt der hilfsbereite Fahrradexperte nicht gelten. Ermunternd schlägt er mir vor, für seine Tochter weiterzufahren. Jasmin ist sechs Jahre alt und behindert. Wie so häufig, spart die Krankenkasse am falschen Fleck und lehnt es ab, die Kosten für notwendige Hilfsmittel zu übernehmen, erfahre ich. So muss Frau Intress, eine zierliche Person, ihre Tochter die Treppe hinaufschleppen! Ich schließe das Mädchen mit dem fröhlichen Lachen sofort ins Herz. Während wir beratschlagen, passt sie auf Sauser auf. Sie summt ein Liedchen, damit er sich ein wenig beruhigt, denn er ist genauso durch den Wind wie ich. Wir suchen jetzt erst mal die direkt am See gelegene Pension auf, in der ein Zimmer für uns gefunden wurde. Frau Intress fährt Sauser und mich hin. Später laufen wir nochmals zum Fahrradladen. Der Easy Rider ist auseinandergebaut – einige Teile müssen ins Werk eingeschickt werden. Nach einer Folienkartoffel mit Quark wanke ich zurück in die Pension und falle ins Bett. War das ein Tag!

Mittwoch, 30. September 2009
Zwangspause in Fürstenberg, Tag 1

Heute sieht die Welt schon wieder besser aus. Natürlich gebe ich so nah am Ziel nicht auf – das wäre doch gelacht! Jetzt heißt es warten, bis das Dreirad repariert ist. Die steile Treppe in der Pension und der lange Weg in die Stadt sind für Sauser und mich zu beschwerlich. Also siedeln wir um, so schön es auch dort am Seeufer ist. Wir beziehen ein barrierefreies Zimmer in der Internationalen Jugendbegegnungsstätte, die auf dem Gelände des früheren Frauen-Konzentrationslagers Ravensbrück liegt. Die acht Häuser haben heute alle Baumnamen, ich wohne im Haus Weide. In der Mythologie der Kelten steht der Baum für das Thema „Erfahrung" – was soll mir das sagen?

Ich habe viel Zeit, mich mit allen möglichen Menschen zu unterhalten. Dabei stelle ich fest, dass es noch tiefe Gräben zu überwinden gibt. Die Menschen hier fühlen sich von der Politik oft im Stich gelassen. Die Landesregierung hat die Stadt, die im äußersten Zipfel Brandenburgs liegt, wohl nicht immer ausreichend im Fokus. Vor allem, als es nach der Wende um die Förderung der Wirtschaft ging. Auch der parteilose Bürgermeister aus Schwaben hat es nicht leicht – in vielen Köpfen stecken noch immer Vorbehalte gegen die „Besserwessis". Als es mir langweilig wird, schmökere ich in einer Informationsbroschüre, die einen historischen Überblick über die „Wasserstadt Fürstenberg" an der Havel gibt. Das Freizeitangebot für Wasserfreunde kann sich sehen lassen, sie können mitten in der Stadt mit einem Kanu anlegen. Doch auch Wanderfans finden in der herrlichen Natur schöne Wege. Es muss ja nicht immer Wellness sein.

Donnerstag, 1. Oktober 2009
Zwangspause in Fürstenberg, Tag 2

Außer mir wohnt gerade niemand im Haus Weide. Es ist so still hier ohne Radio und Fernseher. Sauser schläft, während ich lese. In den Häusern, die heute zur Jugendherberge gehören, wohnten früher die Aufseherinnen. Etwas weiter weg und erhöht stehen die Villen, die die ranghöheren SS-Angehörigen mit ihren Familien beherbergten. Ravensbrück war ein Arbeitslager, die Frauen mussten in den angegliederten Werkshallen der Firma „Siemens-Halske" und an anderen Orten Zwangsarbeit leisten. Oder sie waren dem Lagerpersonal zu Diensten. Nicht weit entfernt befand sich ein Jugendkonzentrationslager für Mädchen und junge Frauen. Nach Kriegsende wurde das ehemalige KZ vom sowjetischen Militär genutzt. 1959, noch zu DDR-Zeiten, wurde die Nationale Mahn- und Gedenkstätte Ravensbrück eröffnet, die Internationale Jugendbegegnungsstätte gibt es seit 2002.

Das Schreckliche, das unter dem Regime des Nationalsozialismus geschah, ist unfassbar. Ich friere, ich weine, ich bin zornig. In der ständigen Ausstellung über die KZ-Aufseherinnen lese ich, wo sie herkamen, wie sie angeworben und ausgebildet wurden. Es waren meist Frauen aus sehr einfachen Verhältnissen. Lockten sie der bessere Lebensstandard und der Komfort an, der ihnen als KZ-Aufseherin geboten wurde? Auf vergilbten Fotos entdecke ich Frauen in Ruderbooten auf dem Schwedtsee, der direkt vor den Toren des Konzentrationslagers liegt, und bei anderen Freizeitvergnügungen. Was für ein Gegensatz zu den Gräueln des Lagerlebens, von denen Überlebende auf einer Videoleinwand berichten. Wie konnten sich die Aufseherinnen nach ihrer „Arbeit" im KZ unbeschwert amüsieren? Wie konnten sie damit leben, andere Frauen zu quälen und zu schikanieren?

Bedrückt laufe ich über das Lagergelände. An den Wänden eines Pavillons hängen Fotos ehemaliger Insassinnen. Auf einem Tisch liegt ein dickes Buch mit den Namen all derer, die hier gelitten oder gar den Tod gefunden haben. Finde ich den meiner jüdischen Freundin auch darunter? Ich bin mir nicht sicher, ob sie hier war. Eine Schulklasse ergießt sich in den Raum. Gefühllose Bemerkungen wie: „Wie alt ist die denn geworden?", bringen mich auf die Palme. Die Lehrkraft scheint die Jugendlichen nicht gut auf den Besuch vorbereitet zu haben. Ich halte es nicht mehr aus, ich muss raus! Direkt vor den KZ-Toren, am Seeufer, steht ein Mahnmal. Dort sind alle Länder aufgelistet, aus denen die Frauen aus dem KZ Ravensbrück herkamen. Von hier aus sieht man auf die Lagermauer, wo das erst später angebaute Krematorium und die Gaskammer stehen. In einem engen Gang zwischen den Garagen und der Lagermauer fanden wahrscheinlich die Erschießungen statt.

Im Haus der Sprache schaue ich mir noch eine Dokumentation über Gedenkfeiern während der DDR-Zeit an. Dabei fällt mir der folgende Appell des DDR-Regimes aus der Zeit des Kalten Kriegs ins Auge: „Frauen und Mütter der Bundesrepublik Deutschland! Euer mütterliches Herz, das erfüllt ist von Liebe zu eurer Familie, muss sich auflehnen gegen die Politik des Atomtodes der Adenauerpartei. Bereitet dieser Partei bei den Wahlen am 15. Sept. 1957 eine Niederlage! (…) Unser Staat der Arbeiter und Bauern ist ein zuverlässiger Hort des Friedens und des Glücks (…)." Nun ist es genug, mehr verkrafte ich heute nicht.

Auf dem Weg zurück in mein Zimmer geht mir vieles durch den Kopf. Etwas steht für mich fest: Wir dürfen das Schreckliche nicht vergessen! Ein friedliches Zusammenleben kann nur gelingen, wenn wir lernen, miteinander zu reden und Toleranz zu üben. Diejenigen, die andere wegen ihrer Hautfarbe, ihrer Gesinnung oder ihrer Religion mit Füßen treten, dürfen nicht noch einmal die Oberhand gewinnen. „Die Würde des Menschen ist unantastbar!", heißt es in unserem Grundgesetz, diesen Grundsatz werde ich mit Zähnen und Klauen verteidigen. „Zerreißt den Mantel der Gleichgültigkeit", ermahnten die Geschwister Scholl in ihrem letzten Flugblatt. Dieser Appell hat noch immer Gültigkeit, vielleicht mehr denn je zuvor. Zu oft erfahren wir aus den Medien, dass Menschen gleichgültig darüber hinwegschauen, wenn andere Hilfe benötigen. Morgen feiern wir 20 Jahre Wiedervereinigung. Ein guter Anlass, mit Menschen ins Gespräch zu kommen, ihren Sorgen zuzuhören oder da zu helfen, wo Not am Mann ist.

Freitag, 2. Oktober 2009
Zwangspause in Fürstenberg, Tag 3

So ganz alleine bewohne ich das Haus Weide doch nicht. Zwei Gäste aus der Schweiz – Mutter und Sohn – bewohnen seit gestern das Zimmer nebenan. Wir haben viel miteinander gesprochen. Zuerst über die Täterinnen und Überlebenden, und gestern Abend, bei einer Flasche Rotwein, über aktuelle Themen. Heute trennen sich unsere Wege wieder. Bevor wir uns verabschieden, tauschen wir unsere Mailadressen aus. Beim Mittagessen mit den guten Geistern der Jugendherberge lasse ich mir von der Arbeit der Jugendbegegnungsstätte erzählen. Ich finde es sehr spannend zu erfahren, wie die Pädagogen das Thema vermitteln und wie die Jugendlichen damit umgehen.

Das Wetter ist durchwachsen – mal scheint die Sonne, dann wieder versteckt sie sich hinter dunklen Wolken. Draußen ist es kühl. Ein kurzer, heftiger Schauer treibt mich hinein. Ich sitze im warmen Zimmer und denke an morgen. Da geht es weiter, denn das Dreirad ist wieder fahrbereit. Heute Mittag sind die Ersatzteile per UPS angekommen. Herr Intress hat sie sofort montiert und auch schon eine Proberunde gedreht. Jetzt steht der Easy Rider vor dem Haus, und scharrt mit den Rädern. Die Akkus, die auch eingeschickt wurden, kamen ohne die

Abdeckplatte über dem Sichtfenster zurück. Jetzt ist alles mit Tesafilm zugeklebt. Hoffentlich hält das bis Rügen.

Ich bin unendlich dankbar und sehr berührt ob der Hilfsbereitschaft und Liebenswürdigkeit der Familie Intress. Andreas Intress wollte sich für die Reparatur partout nichts bezahlen lassen, noch nicht einmal die Arbeitsstunden. Ohne ihn hätte ich aufgegeben, nur dank seiner Begeisterung über meine Tour bin ich noch hier. Wie kann ich mich dafür nur bedanken? Ich muss mir etwas überlegen, sobald ich wieder in München bin. Eines ist sicher: So schnell werde ich meinen Aufenthalt hier nicht vergessen!

Samstag, 3. Oktober 2009
Von Fürstenberg nach Blankensee

Der Easy Rider hat die Nacht im Flur von Haus Weide verbracht, sicher geschützt vor Regen. In aller Ruhe und ohne nass zu werden, belade ich die Alukiste. Alles ist möglichst wetterfest eingepackt: die Tasche und der Rucksack auf der Kiste mit einem roten Regenumhang, Sausers Körbchen mit einem gelben Kinderregenponcho und ich mit einer Regenhose, Regenjacke, einer Kappe mit Schild und darüber die Kapuze. Die hintere Seite von Sausers Sitzplatz ist offen geblieben, damit er mich sehen kann. Auch die Akkus werden noch mit wasserfestem Klebeband so gut wie möglich abgedichtet. So gerüstet trete ich nach drei Tagen Pannenpause wieder in die Pedale. Ein gutes Gefühl, trotz Regen! Durch weite Wälder rollen wir auf der Eiszeitroute durch die Mecklenburgische Seenplatte. Die Tannen rauschen mit tiefem Klang. Mit einem helleren Ton rascheln dazu die Blätter der Eichen im Duett. Ab und zu überholt mich ein Auto, manchmal kommt mir auch eines entgegen. Außer mir ist niemand mit dem Rad unterwegs. Im klatschnassen Sand bleibe ich hinter Altthymen stecken und kundschafte auf der Karte eine Alternativroute aus.

Sehr bewusst drossle ich das Tempo, auch wenn Kälte und Feuchtigkeit nach innen kriechen. Trotz des scheußlichen Wetters genieße ich es, unterwegs zu sein. Das ist die lang herbeigesehnte Entschleunigung. Eine Erkenntnis durchzuckt mich: Dieses Gefühl ist nicht von äußeren Bedingungen, wie dem Wetter, abhängig – es kommt von innen. Gunda, halte diesen Zustand fest, solange es geht! Das erste Mal verflüchtigt es sich, als sich die Blase meldet, und ich mich hinter einem Busch hastig aus mehreren Kleiderschichten schäle. Die Mittagspause an einem der Seen ist gestrichen, das wäre etwas ungemütlich. Doch weit und breit ist keine Gaststätte zu sehen. In den kleinen Orten, durch die ich fahre, stehen nur wenige Häuser und es sind kaum Menschen unterwegs. Erleichtert entdecke ich ein Schild, das auf ein Landhotel mit Bäckerei hinweist. Im gut besuchten Restaurant werde ich bei einer Tasse Tee wieder trocken.

Bis Blankensee ist es nicht mehr weit, also lasse ich mir Zeit. Als die Sonne hinter den Wolken hervorspitzt, radle ich weiter. Sauser darf sich wieder den Fahrtwind um die Nase wehen lassen, sein Regenschutz ist abgebaut. Nur Felder und Wasser, wohin ich auch schaue. Der Wind zaubert Wellen mit Schaumkronen, und Möwen fliegen in Schwärmen über mich hinweg. Sanfte Hügel, weite Wälder, zahlreiche Seen und wenig Besiedelung – das ist Erholung pur. Ich gebe Bürgermeister Bednorz, der mich in der Pension begrüßt, Recht: Diese Landschaft ist zur Entschleunigung wie geschaffen.

Sonntag, 4. Oktober 2009
Ruhetag in Blankensee

Ich liege gemütlich im kuschelig-warmen Bett, während es draußen heftig regnet und stürmt. Mein Termin mit Bürgermeister Bednorz und einer Dame von der Presse findet erst um zwölf Uhr statt. Just als ich nach dem Gespräch den Easy Rider für das übliche Foto aus dem Schuppen hole, scheint die Sonne wieder. Das nenne ich ein gutes Timing. Nach getaner Arbeit stärken das Ehepaar Bednorz und ich uns bei einem gemeinsamen Mittagessen. Die Frau des Bürgermeisters ist Lehrerin und Sonderpädagogin. Erziehung, gewaltbereite Jugendliche, das Schulsystem heute und in der DDR, die Probleme der Wiedervereinigung und, und, und – die Gesprächsthemen gehen uns nicht aus. Wir sind uns einig: Die Wiedervereinigung ging viel zu schnell vonstatten. Zur Anpassung wäre eine Übergangsphase notwendig gewesen. Ich frage ihn, warum Rentner in Ost und West gleichgestellt werden sollen. Er nennt mir mehrere Gründe: Sie haben ebenfalls eingezahlt, die Frauen sogar mehr als bei uns, da es üblich war, auch mit Kindern zu arbeiten. Außerdem soll nach dem Zusammenbruch der DDR Volksvermögen vorhanden gewesen sein, also auch Geld für die Rente. Es ist bekannt, dass die Treuhand Milliarden in den Sand gesetzt hat, doch wie so oft in der Politik, wurde ein Mantel des Schweigens darüber gebreitet. Warum wehren wir Deutsche uns eigentlich so wenig, wenn etwas schiefläuft? Wir leben in einer Demokratie und können unsere Meinung frei äußern. Ich glaube, in so einer Situation wären Franzosen oder Italiener längst auf die Straße gegangen! Nach der lebhaften Diskussion schwirrt mir der Kopf. Sauser ist schlau, er schläft.

Nachmittags besuchen wir Kloster Wanzka, das ganz in der Nähe liegt. Es war ein Zisterzienser-Frauenkloster und feierte 2008 sein 725-jähriges Bestehen. Zu den vielen Hobbys des Bürgermeisters gehören auch die Archäologie und Geschichte seiner Heimat. So kennt er sich auch in der Geschichte des Klosters aus, und ich komme in den Genuss einer äußerst spannenden Privatführung. Später lese ich in seinem Vorwort in der Broschüre über das Kloster einen Satz, dem ich aus vollem Herzen zustimme: „Das Leben gemeinschaftlich zu meistern, heißt, Geschichte zu verstehen und sie aktiv mitzugestalten!"

Montag, 5. Oktober 2009
Von Blankensee nach Neubrandenburg

Die heutige Etappe ist überschaubar, bis Neubrandenburg sind es etwa 35 Kilometer. Auf einer kleinen Landstraße fahre ich an Streuobstbäumen entlang. Rote Äpfel, gelbe Birnen, dunkelrote Hagebutten und kardinalrote Pfaffenhütchen bilden eine wunderbare Symphonie an Herbstfarben. Gleich hinter Blankensee überholt mich ein rotes Auto und die Fahrerin winkt mir zu. Ich winke zurück und radle die Steigung hinauf. Oben erwartet mich die Dame mit gezücktem Fotoapparat. Die Sonne scheint vom hellblauen Himmel, der sich weit über den Horizont spannt. In der Ferne höre ich Wildgänse schnattern. Auf und ab führt mich die Straße durch die Moränenlandschaft. Ich genieße das langsame Vorankommen und mache eine lange Pause im Freien, auch wenn es nicht sehr warm ist. Die Zeit bis zum Treffen mit den Vertreterinnen und Vertretern der Stadt Neubrandenburg überbrücke ich in einer Gaststätte. Die Wirtin, mit der ich ins Gespräch gekommen bin, spendiert mir den Cappuccino, nachdem sie von meiner Fahrt quer durch die Republik erfahren hat.

Bald haben wir es geschafft

Die letzten Meter bis zum Treffpunkt mit dem Empfangskomitee fahre ich unter einem „Triumphbogen" aus Sonnenblumen. Nicht nur

Presse, Rundfunk, das örtliche Fernsehen, die Behindertenbeauftragte der Stadt Neubrandenburg und der Leiter des Stadtsportbundes sind gekommen, sondern auch Menschen, die meine Reise im Internet verfolgen. Plötzlich taucht die Dame aus dem roten Auto auf und überreicht mir die Fotos, die sie unterwegs geschossen hat. Ein Fahrradservice bietet seine Hilfe an. Eine Mitarbeiterin meiner Krankenkasse ist aus Schwerin angereist und kleidet mich mit Käppi und T-Shirt ein. Nachdem ich alle Fragen beantwortet habe, geht es zum Hotel. Dort bringe ich das Dreirad in den Keller und das Gepäck auf mein Zimmer. Die Zeit drängt: Bevor mich Frau Springstein, die städtische Behindertenbeauftragte, zu einem kleinen Ausflug abholt, packe ich rasch alles zusammen, was Verena morgen mit nach München nehmen wird. Sie reist heute zum letzten Mal an, mit warmer Kleidung im Gepäck, damit ich die angesagten Herbststürme ohne Erkältung überstehen kann. Morgen begleitet mich der NDR ein Stück des Wegs, das wird sicher ein spannender Tag!

Dienstag, 6. Oktober 2009
Von Neubrandenburg nach Demmin
  Die Alukiste ist randvoll und will sich nicht schließen lassen – die warme Kleidung braucht so viel Platz. Das Team vom NDR steht schon parat, als mir Frau Springstein zum Abschied den Artikel mit einem großen Foto in der heutigen Zeitung überreicht. Nach einer kurzen Besprechung mit dem Kamerateam und einem letzten Blick auf die Karte steige ich auf den Easy Rider und fahre los. Die Kamera surrt und hält alles im Bild fest. Das nächste Treffen für weitere Aufnahme ist in Woggersin geplant. Bis dahin kann ich mich dem Genuss hingeben, an einem herrlichen Spätsommertag durch die wunderbare Landschaft zu radeln. Menschen am Wegrand winken und rufen mir Glückwünsche zu. Ich bin glücklich. Ist das Leben nicht wunderschön?
  Heute ist ein Tag, an dem einfach alles klappt, auch das Treffen mit dem Filmteam. Sebastian möchte sich auf den Easy Rider setzen und

während der Fahrt einige Sequenzen filmen. Da bin ich aber gespannt – ob das gut geht? Ich atme auf, als mein Dreirad unversehrt wieder vor mir steht. Das nächste Mal wollen wir uns in Altentreptow treffen. Aber wo? Ich versuche es mit dem Marktplatz und sehe sie schon dort stehen. Meine Mittagspause inmitten all der Menschen auf dem Platz wird aufgenommen. Ein Taxifahrer gibt mir seine Visitenkarte, falls ich mit einer Panne liegen bleiben sollte. Dann fährt er auch noch vor mir her, um mich aus der Stadt zu lotsen. Eine Kollegin funkt ihn an und gibt ihm eine Baustelle durch, die ich mit dem Dreirad nicht passieren kann. Etwa 18 Kilometer vor Demmin werden die letzten Szenen gedreht und das Interview aufgenommen. Ich erzähle über meine Erlebnisse, über die Landschaft, die Menschen und meine Empfindungen. Bei den Botschaften, mit denen ich von München nach Rügen unterwegs bin, vergesse ich doch tatsächlich den Umweltschutz! Ich bin wahrscheinlich noch zu sehr von der liebenswerten Herzlichkeit und Hilfsbereitschaft der Menschen überwältigt, und von der Weite der Landschaft.

Die letzte Szene ist abgedreht. Ich verabschiede mich von dem netten Fernsehteam. Der Tag mit ihnen hat viel Spaß gemacht. Es ist schon spät geworden und bis Demmin sind es noch etwa 15 Kilometer. In der Pension angekommen, werden wir von Anka, einer Schäferhündin, schwanzwedelnd begrüßt. Sie möchte mit Sauser spielen, doch der schaut sie skeptisch an und lauscht lieber dem Blöken der Kamerunschafe. Die Pensionswirtin, eine begeisterte Sängerin, erfreut meine Ohren mit einem Ständchen. Mein Bauch wird mit einer Bratwurst und Kartoffelsalat verwöhnt. Der Pensionswirt stößt mit einem Jägermeister auf meine, in ihren Augen sehr ungewöhnliche, Tour an. Abends wird es kalt – heute gehe ich mit Socken ins Bett.

Mittwoch, 7. Oktober 2009
Von Demmin nach Greifswald

Ich werde mit einem Frühstück wie in einem Vier-Sterne-Hotel verwöhnt. Meine Gastgeberin kann nicht nur singen, sie ist auch geschickt mit den Händen. Für kommende kalte Nächte erstehe ich bei ihr ein Paar handgestrickte Socken. Auch bei der selbst gemachten Marmelade und kleinen, dicken Strickschuhen kann ich nicht widerstehen – das werden Geschenke für meine Nichte. Sauser läuft schnüffelnd durch den Garten, ihm gefällt es hier. Aber wir müssen weiter, eine Abordnung des Radvereins Demmin steht schon bereit. Sie lotsen mich zum Rathaus der Hansestadt. Nach der herzlichen Begrüßung wird mir eine große Ehre zuteil: Ich darf mich in das Gästebuch der Stadt eintragen. Danach begleiten mich die Mitglieder des Radvereins noch bis zum Stadtrand.

Auf einer Allee, die an abgeernteten Feldern entlangführt, radle ich Richtung Greifswald. Es bläst ein ziemlich starker Wind, hoffentlich pustet er mich nicht von der Straße. Es soll sogar noch windiger werden in den nächsten Tagen, das kann ja lustig werden. Na, wenigstens ist es nicht sehr kalt und es regnet auch nicht. Als ein Schwarm Kraniche vorbeifliegt, kommt mir die Geschichte von dem kleinen Nils Holgersson in den Sinn, auch wenn er seine Reise durch Schweden mit Wildgänsen unternahm. Der Vogelschwarm landet auf einem abgeernteten Maisfeld, dort sind sie gut getarnt und kaum zu sehen. Der Verkehr auf der Landstraße ist ziemlich heftig. Manche Autofahrer hupen mich an und zeigen mir einen Vogel. Hallo Leute, hier gibt es keinen Radweg, sonst würde ich darauf fahren! Ein Schild taucht auf: Bis Greifswald sind es noch 25 Kilometer. Das Wetter lädt nicht gerade zu einem Picknick ein, also suche ich ein Lokal – doch vergeblich. Unter einem großen Baum, neben dem großen Steine aufgetürmt sind, halte ich an. Die Karte sagt, es sei ein Hünengrab. Da der Himmel immer schwärzer wird, packe ich uns regenfest ein. Just, als ich die Reißverschlüsse der Regenhose zuziehe, fängt es zuerst zu nieseln und dann heftiger zu regnen an. Eilig und ohne weitere Pausen fahre ich bis Greifswald. Ich bin zu früh dran, deshalb melde ich mich im Rathaus an. In einem Café warte ich, bis die Gleichstellungsbeauftragte der Hansestadt, ein Herr vom Seniorenbeirat, eine Dame vom Mehrgenerationenhaus und die Presse dazustoßen. Nach einem lebhaften Gespräch verabschiede ich mich, die Arbeit für heute ist erledigt. Den Abend verbringe ich bei meiner Nichte und ihrer kleinen Familie. Ich genieße die Schmuseattacken meines Großneffen, er ist jetzt drei Jahre alt.

Donnerstag, 8. Oktober 2009
Ruhetag in Greifswald

In meiner Familie gibt es mehrere Verbindungen mit dieser Universität- und Hansestadt. Meine Mutter absolvierte um das Jahr 1930 herum in Greifswald ihre Ausbildung zur Medizinisch-Technischen Assistentin. Mein Vater soll ihr hier einen Heiratsantrag gemacht haben. Und jetzt wohnt meine Nichte hier. Deshalb freut es mich besonders, dass meine Radtour über Greifswald führt. Durch die vielen Studierenden ist es eine sehr junge Stadt. Gerade hat das Semester begonnen und viele suchen noch immer verzweifelt eine bezahlbare Bleibe. Da die Pension ausgebucht ist, muss ich nach einer Nacht in ein Hotel umsiedeln. Mittags hört es auf zu regnen und die Sonne kommt raus. Das nutzen wir, meine Nichte zeigt mir die Stadt. Die Universität wurde im Jahre 1456 gegründet und ist eine der ältesten in Deutschland und im Ostseeraum.

Als wir durchs Zentrum schlendern, entdecke ich in den Schaufenstern Preise, die mir so hoch zu sein scheinen wie die in den alten Bundesländern. Meine Nichte bestätigt das: Die Mieten und Lebenshaltungskosten seinen mit Bremen vergleichbar, doch die Gehälter würden gewaltig hinterherhinken. Diese Schieflage finde ich ungut. Die Fußgängerzone mit ihren fein herausgeputzten Häusern ist schnell von einem Ende bis zum anderen durchlaufen. Sauser mimt den alten Hund, bis er im Buggy sitzen darf. Hagen, mein Großneffe, hat ihn gern zur Verfügung gestellt und tippelt brav an meiner Hand vom Kindergarten bis nach Hause. Nach dem gemütlichen Abendessen mit einem guten Tropfen Rotwein fällt mir der Abschied schwer. Auf dem Weg zurück ins Hotel wird mir klar: Jetzt liegen nur noch zwei Etappen vor mir!

Freitag, 9. Oktober 2009
Von Greifswald nach Stralsund
Der Weg, auf dem ich radle, ist wieder einmal eine echte Herausforderung. Eigentlich hat es ganz vielversprechend angefangen: Der Ostsee-Radweg führt direkt am Hotel vorbei, so konnte ich mich ohne lange zu suchen auf den Weg machen. Nach Neuenkirchen bekommt meine gute Laune einen Dämpfer. Die kleine Landstraße ist in meiner Fahrtrichtung nur zur Hälfte geteert und auch noch voller Schlaglöcher. Die andere Hälfte des Fahrstreifens ist eine Sandpiste, dort komme ich nicht voran. Also bleibe ich auf dem geteerten Teil und halte jedes Mal an, bis ein herannahendes Auto vorbeigebraust ist. Du meine Güte – die schlimmsten Raser sind Frauen! Sie sitzen mit verbissenen Gesichtern hinter dem Steuer, manche mit einem Glimmstängel zwischen den Lippen. Ich schimpfe wie ein Rohrspatz. Ab Mesekenhagen verläuft der Radweg auf der alten B 96, einer Allee aus mächtigen Kastanienbäumen, dazwischen sind Felder zu sehen. Auf einigen drehen sich Windräder, ihre Flügel werfen vorbeihuschende Schatten. Ein starker Wind bläst mir kräftig entgegen. Warum nur hat man auf dem Fahrrad fast immer Gegenwind? Es könnte doch auch mal Rückenwind sein! Große hellgraue Wolken segeln am Himmel, der Horizont ist unendlich weit. Wenigstens scheint die Sonne, dadurch ist das Kopfsteinpflaster trocken. An manchen Stellen ist die Straße so gewölbt, dass ich mit dem Gefühl, gleich umzukippen, ziemlich schräg auf dem Dreirad hänge.

Heute ist es mir ständig kalt. Ich nehme mir vor, morgen alles anzuziehen, was ich an warmen Sachen dabeihabe. Ich möchte mich zwischendurch aufwärmen und mache mich auf die Suche nach einer Gaststätte. Die Dörfer sind wie ausgestorben, auch die größeren. Endlich entdecke ich einen Wegweiser zu einem Hotel, es liegt nicht weit ab von meiner Route. Dort gibt es einen heißen Tee und etwas zum Essen. So gestärkt schaffe ich auch noch die letzten Kilometer bis vor das Rathaus von Stralsund. Als ich ankomme, stellt sich gerade eine Hochzeitsgesellschaft für ein Foto auf. Die Behindertenbeauftragte begrüßt mich herzlich im Namen der Stadt und ich absolviere routiniert den fast letzten Pressetermin auf meiner Tour. Als wir fertig sind, wage ich kaum meinen Augen zu trauen: Frau Intress aus Fürstenfeld und die kleine Jasmin kommen auf mich zu, samt dem kleinen Schwesterchen im Kinderwagen, den ihre Freundin schiebt. Ich freue mich riesig! Jasmin strahlt und ruft laut: „Sauser!" Fröhlich unterhalten wir uns, bis ich weitermuss zu meiner Unterkunft. Morgen steige ich das letzte Mal auf den Easy Rider, dann bin ich endlich am Ziel.

Samstag, 10. Oktober 2009
Von Stralsund nach Rügen
   Der letzte Tag der Tour ist gekommen. Das Wetter spielt mit: Die Sonne steht an einem hellblauen, mit nur ein paar kleinen Dunstwolken bedeckten Himmel. Der Wind allerdings ist schneidend kalt. Also folge ich meinem Vorsatz von gestern und packe mich gut ein. Das Dreirad, das im Flur übernachten durfte, wird beladen und ich schiebe es aus dem Hauseingang. Mist – die Tür schlägt zu! Sauser, der Schlüssel und einiges mehr sind noch im Zimmer. Vor lauter Aufregung, so kurz vor dem Ziel, bin ich ziemlich durch den Wind. Statt mit dem Rad zum Empfang zu fahren, laufe ich fast zehn Minuten bis dorthin. Mach langsam, Gunda! Der Portier beruhigt mich und kommt mit dem Generalschlüssel. Ich fahre los, am Ufer entlang und dann durch das Stadttor bis zum Marktplatz. Die Wellen tragen Schaumkronen und Möwen schießen in Kapriolen durch die Luft. Das Kopfsteinpflaster in der Altstadt schüttelt mein Gehirn kräftig durch. Ich komme nicht mehr dazu, meine Kamera zu zücken und das wunderschöne Gebäude zu fotografieren, denn schon begrüßt mich ein junger Mann: „Schön, dass Sie da sind." Es ist der Fotograf von der

dpa. Von weitem, von nahem und sogar auf dem Bauch liegend, von unten, bannt er Sauser, den Easy Rider und mich aus verschiedenen Blickwinkeln aufs Bild.

Ich muss zum vereinbarten Treffpunkt weiter. Dort wartet meine heutige Begleitung, die Landrätin hat sie organisiert. Die vor zwei Jahren eröffnete, neue Brücke von Stralsund nach Rügen ist beeindruckend, aber nur für Autos erlaubt. Also quere ich den Stralsund auf dem alten Rügendamm. Am Ende der Brücke sehe ich zwei Männer in orangefarbener Radbekleidung stehen. Herbert und Martin sind aus Binz gekommen, sie haben heute schon über 50 Kilometer zurückgelegt. Auf dem Weg nach Bergen möchten sie mir ihre schöne Insel zeigen. Herrlich, darauf freue ich mich. Der Gegenwind hat es in sich, besonders für mich. Die beiden auf ihren Rennrädern sind recht windschnittig, ich auf dem breiten Dreirad dagegen biete viel Angriffsfläche. Herbert empfiehlt mir trotzdem, den Motor möglichst oft wegzulassen. Wir müssen noch den steilen Anstieg zum Marktplatz in Bergen bewältigen.

Ständig geht es bergauf und bergab. Ich bin stolz, wie gut ich es packe, ich scheine mir eine gute Kondition „angeradelt" zu haben. Zum Glück sind die Straßen asphaltiert und nicht aus Kopfsteinpflaster, wie befürchtet. Die Fahrt durch die herrlichen, alten Alleen ist beeindruckend. Aber lausig kalt ist mir, und der Himmel zieht auch zu. Wir essen eine Kleinigkeit und schon geht es wieder weiter. Meine Aufregung steigt ins Unermessliche, als wir endlich den Anstieg zum Marktplatz erklimmen. Dort warten viele frierende Menschen. Ich entdecke Andi in der Menge, er ist extra aus München angereist. Liebe Jasmin, ich habe es für dich geschafft, ich habe nicht aufgegeben und bin am Ziel angekommen! Der stellvertretende Landrat, der Vorsitzende des Seniorenbeirats, die Referentin des Touristikverbands und Menschen von der Presse begrüßen mich und drücken mir Geschenke in die Hand. So aufgelöst, wie ich bin, nehme ich kaum wahr, was um mich herum abgeht. Tränen schießen mir in die Augen. Werde ich es jemals richtig realisieren, dass ich auf dem Easy Rider vom Marienplatz in München zum Marktplatz in Bergen geradelt bin?

Nach einem fantastischen Abendessen komme ich langsam zur Ruhe. Nun ist mein großes Abenteuer zu Ende. So viele Orte habe ich besucht, mit so vielen Menschen intensive Kontakte erlebt, durch so viele wunderschöne Landschaften bin ich geradelt. Überall wurde ich herzlich aufgenommen, nie fühlte ich mich fremd. Manchmal kam es mir so vor, als würde ich die Menschen schon lange kennen. Oft konnte ich ihre unvergleichliche Hilfsbereitschaft und Gastfreundschaft gar nicht fassen. Es heißt Abschied nehmen von einer wunderschönen Zeit, von wunderbaren Erlebnissen und wundervollen Menschen. Vielleicht sehe ich manche irgendwann wieder. Ich sage euch mit zwei weinenden Augen leise Adieu!

Zu guter Letzt

Die meisten Vorhaben können nicht im Alleingang verwirklicht werden. Auch mein Buch gäbe es nicht ohne die Unterstützung vieler. Sie glaubten an mich und meine „Mission", sie richteten mich auf, wenn ich in einer Sinnkrise steckte, sie beruhigten mich, wenn der Zauberlehrling, den ich rief, außer Rand und Band geriet, und manchmal gaben sie mir einen sanften Schubs, wenn ich vor einem Hindernis scheuen wollte. Vor allem aber standen sie mir mit Rat und Tat zur Seite.

Das richtige Quäntchen Glück brachte mich mit Ute Vidal und Monica Fauss zusammen. Während das Buchmanuskript Seite für Seite entstand, wuchsen meine beiden Co-Autorinnen und ich zu einem kreativen Dreigespann zusammen. Monica führte Interviews, in denen ich mich so vertrauensvoll öffnen konnte wie selten zuvor. Ute fand für meine Geschichte(n) die passenden Worte und traf den richtigen Ton. Beide zusammen hatten die Idee, das Buch über eine Crowdfunding-Kampagne zu finanzieren, und trieben die Kampagne dann auch noch voller Elan voran.

Diesen kreativen Köpfen und kundigen Expertinnen verdanke ich, dass meine Crowdfunding-Kampagne erfolgreich war: Ingo Weichselbaumer, der mehr Zeit als geplant in den Dreh des Pitch-Videos steckte, weil ihn die technischen Möglichkeiten der „Libelle" in einen richtigen Schaffensrausch versetzten. Andreas Schuster von Green City und Beppo Brehm von den Grünen „liehen" mir im Video ihre Gesichter für meine Kampagne. Günes Seyfarths Erfahrungen mit sozialen Medien waren oft gefragt, genauso wie ihre unglaublichen „Multitasking-Fähigkeiten": Während sie die Werbung für meine Kampagne plante und umsetzte, organisierte sie so ganz nebenbei für „Foodsharing München" die Verteilung von 5.500 kg veganem Speiseeis. Veronica Zotz brachte eine erfrischende Prise jugendlichen

Elans ins Team ein und verpasste mir ein wunderbares Comicgesicht. Die Crowdfunding-Expertinnen Linette Heimrich und Mona Knorr versorgten mich großzügig mit hilfreichen Tipps und die lebhaften Münchner Crowdfunding-Frühstücke waren die reinste Inspiration.

Doch nicht nur Einzelpersonen unterstützten mich: Das Ökologische Bildungszentrum erlaubte mir, das Video in seiner wunderschönen Anlage zu drehen. Von der Ökodruckerei Ulenspiegel in Andechs, die sich seit eineinhalb Jahrzehnten dem umweltfreundlichen Drucken verschrieben hat, bekam ich den Druck der drei Postkarten geschenkt. Mit dem Münchner Umweltverein Green City e. V. bin ich freundschaftlich verbunden, seit sie im Jahr 2009 meine Tour organisierten. Auch für die Kampagne warfen sie ihr ganzes PR-Netzwerk in die Waagschale und halfen, sie in den sozialen Medien zu verbreiten. Das Münchner Mediencenter 50plus gab mir die Gelegenheit, bei einem ihrer Vorträge die Kampagne vorzustellen.

Last but not least: Ohne die 166 Unterstützerinnen und Unterstützer aus ganz Deutschland hätte ich die Kampagne auf Startnext nicht erfolgreich beenden können. Stellvertretend für alle möchte ich fünf davon nennen: allen voran das holländische Unternehmen Van Raam. Sie stellen nicht nur den Easy Rider her und freuen sich über meine Erfahrungsberichte und Verbesserungsvorschläge, die direkt aus der Praxis kommen. Sie unterstützten auch die Kampagne sehr großzügig. Dasselbe taten Steffen Marx vom Giesinger Bräu in München, die Elektrorad-Zentrale in Unterhaching, meine Freundin Monika Funk-Hertlein und Helmut Soltmann.

Folgende Menschen möchte ich auf keinen Fall vergessen: meine unermüdliche Testleserin Christel Boente, deren Hinweise und Änderungsvorschläge manchen „Holperer" im Manuskript glätteten. Und die Schülerinnen und Schüler aus zwei Schulklassen einer Münchner Realschule, die den letzten Anstoß für das Buch gaben. Ob sie sich wohl noch an mich erinnern? Allen, die auf die eine oder andere Art an der Entstehung des Buchs beteiligt waren, auch denen, die hier

nicht namentlich genannt sind, gebührt mein tief empfundener Dank. Zum Schluss noch ein kleiner Hinweis. Unter dem Stichwort „Gunda unterwegs" gibt es im Internet auf Youtube ein knapp siebenminütiges Video über meine Tour. Wer wissen möchte, wie es mit mir weitergeht, der kann meine Seite „Gunda unterwegs" auf Facebook besuchen. Nun verabschiede ich mich herzlich. Bis zu meinem nächsten Buch? Lassen Sie sich überraschen!
Ihre Gunda Krauss